© Verlag Zabert Sandmann
München
1. Auflage 2008
ISBN 978-3-89883-220-5

Gesamtidee »Die Küchenschlacht«	»Fernsehmacher«/ZDF
Grafische Gestaltung	Georg Feigl
Rezeptfotos	Andrea Kramp, Bernd Gölling
Foodstyling	Petra Speckmann
Set- und Porträtfotos	siehe Bildnachweis S. 153
Cover-Foto	Dirk Schmidt
Redaktion	Alexandra Schlinz, Eva-Maria Hege, Kathrin Ullerich
Redaktion Hamburg	Christian Löwendorf
Herstellung	Karin Mayer, Peter Karg-Cordes
Lithografie	Christine Rühmer
Druck & Bindung	Mohn media Mohndruck GmbH, Gütersloh

 Beim Druck dieses Buchs wurde durch den innovativen Einsatz
der Kraft-Wärme-Kopplung im Vergleich zum herkömmlichen Energie-
einsatz bis zu 52% weniger CO_2 emittiert. *Dr. Schorb, ifeu.Institut*

Die Kochshow »Die Küchenschlacht« ist eine Produktion der »Fernsehmacher«
für das Zweite Deutsche Fernsehen. Lizenziert von ZDF Enterprises GmbH

Besuchen Sie uns auch im Internet unter www.zsverlag.de

Das Kochbuch

Die besten Rezepte der Hobbyköche und viele Rezepte und Tipps der Profis

ZABERT SANDMANN

der Küchenschlacht …

Die Küchenschlacht

Anwesende: Steffen Henssler, Alfons Schuhbeck, Kolja Kleeberg, Horst Lichter, Johann Lafer, Alexander Herrmann

Betrifft: Ein Gespräch von TV- und Sterneköchen

Ort: Hinter den Kulissen des Fernsehstudios der »Küchenschlacht« in Hamburg, Sommer 2008

Johann Lafer: Ist es nicht unglaublich, auf was für einem hohen Niveau die Finalistinnen und Finalisten der »Küchenschlacht«-Sendungen kochen?

Horst Lichter: »Unglaublich« ist gut, mir ist es manchmal unheimlich, was ich in den letzten Monaten von sogenannten »Amateuren« so serviert bekam. Wenn dat Amateure sind, weiß ich auch nicht mehr...

Alexander Herrmann: Da muss ich an die »Hähnchenbrust im Kaffeemantel gebraten« denken, das Geflügel wurde mit Kaffeesatz paniert! Hört sich merkwürdig an, war aber wirklich gut!

Johann Lafer: Bei mir in der Sendung gab es mal »Seeteufel mit Zitronensauce, dazu Wirsinggemüse mit Speck«. Mal ehrlich: Das hätte ich nicht besser machen können.

Kolja Kleeberg: Man darf ja nicht vergessen: Wir reden von Hobbyköchen. Es hat ja keiner der Kandidaten das Handwerk von der Pike auf gelernt wie wir.

Horst Lichter (räuspert sich)**:** Zumindest manche von uns...

Steffen Henssler: Aber eins muss man auch mal sagen: Hobbyköche und Amateure, FINGER WEG VON DER ENTENBRUST! Manchmal habe ich das Gefühl, jeder Zweite kocht irgendein Entenbrustgericht.

Alfons Schuhbeck: Trotzdem, nie vergessen: Was hier im Studio Siebzehn-, Achtzehnjährige fulminant aufkochen, ist der Wahnsinn. Das passt!

Johann Lafer: Da hat Alfons einfach recht: Bei mir war ein fünfzehnjähriges Mädchen aus Bayern, die erst im Finale knapp an ihrem großen Ziel, einmal bei »Lanz kocht« dabei zu sein, gescheitert ist. Das tut einem ja in der Seele weh.

Steffen Henssler: Apropos wehtun: Mir taten einmal die Zähne weh. Beim Probieren eines Hasenrückens habe ich auf irgendetwas Hartes gebissen. Beim genaueren Hinsehen entpuppte es sich als Schrotkugel. Wir haben uns alle schlapp gelacht!

Horst Lichter: Das muss man sowieso sagen, es ist eine mordsmäßig lustige Veranstaltung, diese »Küchenschlacht« …

Alfons Schuhbeck: Das ist ja eh die Sensation, was da für Menschen aufeinanderprallen: von der fünfzehnjährigen Schülerin bis zum Pfarrer.

Steffen Henssler: An meiner Seite kochte mal ein Anwalt mit einer Akribie, als würde er den Fall seines Lebens vor Gericht verhandeln. Wahnsinn!

Kolja Kleeberg: Bei Hobbyköchen muss alles stimmen, weil sonst das Ego einen Knacks bekommt. Bei uns muss alles stimmen, weil sonst keine Gäste mehr kommen. Manchmal staunt man einfach nur, was für einen Druck sich die Kandidaten machen. Für viele ist das die Chance ihres Lebens!

Alexander Herrmann: Und die darfst Du halt nicht versemmeln, wenn Du ein Guter sein willst! Eine Kandidatin wollte mir partout nicht glauben, dass ihr Gericht komplett versalzen war.

Johann Lafer: Das ist ein Thema für sich. Beim Würzen trennt sich oft die Spreu vom Weizen.

Steffen Henssler: Hobbyköche machen immer wieder den Fehler, dass sie zu wenig salzen!

Alfons Schuhbeck: Es wird zu wenig gewürzt in diesem Land – und das zu früh! Ganz genau! Und sehr oft wird zu heiß gekocht!

Horst Lichter: Es sei denn, man macht ein Sorbet!

Kolja Kleeberg: Und ein ganz wichtiger Tipp, wenn man zu so guten Hobbyköchen werden will, wie unsere Finalisten: Organisation ist die halbe Miete. Und dass man sich nicht zu viel vornimmt: Kochen soll ja Spaß machen.

Alfons Schuhbeck: Der Kolja hat recht! Der Anfang vom Ende derer, die nicht ins Finale gekommen sind, ist die Unordnung, die einige Kandidaten am Herd angerichtet haben. Prompt haben sie die Orientierung verloren, und es ist etwas angebrannt oder etwas anderes schiefgegangen.

Johann Lafer: Das Wichtigste ist, die vorbereitenden Schritte – wie Putzen, Schneiden oder Filetieren – und die Reihenfolge beim Kochen ganz genau zu planen. Da hapert es manches Mal. Fangt nicht an, zu viel auf einmal zu wollen und Dinge zuzubereiten, die nur mit jahrelanger Erfahrung gelingen.

Alexander Herrmann: Das kann man doch schön zusammenfassen: 1. Richtig würzen. Es gibt durchaus Abstufungen zwischen »Schmeckt nach nichts« und »versalzen«!

Kolja Kleeberg: 2. Man muss sich vorher genau überlegen, was man vorhat und wie der Weg dorthin führt.

Horst Lichter: Und 3. seine Fähigkeiten richtig einschätzen.

Steffen Henssler: Und wenn Du das befolgst, …

Johann Lafer: … dann führt das zu dem unglaublich hohen Niveau der Finalistinnen und Finalisten der »Küchenschlacht«.

Alfons Schuhbeck: Und dann kriegst ein Kochbuch wie dieses, wo die Kämpfer bewiesen haben, wie saugut sie und ihre Rezepte sind. Dann passt's halt.

Jakobsmuscheln auf Wildsalat mit Spargel

von Stefan Hägerling

Profi-Tipp

von Horst Lichter

» Grüner Spargel ist mir ehrlich gesagt sehr sympathisch: Er macht nämlich kaum Arbeit, weil man ihn – anders als die weißen Stangen – nur im unteren Drittel schälen muss. Und das kommt einem ganz gelegen bei diesem Salat, bei dem es noch genug zu putzen und zu schnippeln gibt. Jakobsmuscheln sollten Sie unbedingt ausgelöst kaufen, außer Sie sind handwerklich begabt. Falls Sie es doch ausprobieren wollen: Man packt die gewaschenen Muscheln mit einem Küchentuch an der unteren Seite, fährt mit einem stabilen Messer am Schalenrand entlang und durchtrennt dabei den Schließmuskel. Viel Erfolg dabei! «

Bewertung

Oh, das sieht ja aus wie in einem besseren Restaurant! Die Jakobsmuscheln sind sogar rautenförmig eingeschnitten. Die Sauce hat zu viel Safran für meinen Geschmack.

Cornelia Poletto

Zutaten für 2 Personen:

8 Stangen grüner Spargel ● Meersalz ● 1 Zitrone ● je 1 Zweig Majoran, Thymian und Rosmarin ● je 1 Stiel Basilikum, Estragon und Koriander ● 2 Knoblauchzehen ● 6 Frühlingszwiebeln ● Olivenöl Pfeffer aus der Mühle ● 1 Handvoll roter Wildsalat ● 1 Bund Löwenzahn ● 80 g junger Blattspinat ● 1 EL Aceto balsamico ● 200 ml trockener Weißwein ● 200 g Sahne ● 1 Msp. Safranfäden ● 4 EL Butter 4 Jakobsmuscheln (küchenfertig)

Zubereitung:

1 Den Spargel waschen, im unteren Drittel schälen und die holzigen Enden entfernen. Die Spargelstangen in kochendem Salzwasser einige Minuten blanchieren.

2 Die Zitrone auspressen. Die Kräuter waschen und trocken schütteln, die Blätter bzw. Nadeln abzupfen, fein hacken und mischen. Den Knoblauch schälen und in Scheiben schneiden, die Frühlingszwiebeln putzen, waschen und in dünne Streifen schneiden. Etwas Olivenöl in einer Pfanne erhitzen, den Knoblauch und die Frühlingszwiebeln darin andünsten. Den Spargel dazugeben und anbraten. Das Gemüse in eine Schüssel geben, etwas Zitronensaft und 1 EL Kräutermischung hinzufügen und alles gut mischen. Mit Meersalz und Pfeffer würzen.

3 Wildsalat, Löwenzahn und Spinat verlesen, waschen, trocken schleudern und in mundgerechte Stücke zupfen. Den Essig und 2 EL Olivenöl mit Salz und Pfeffer zu einer Vinaigrette verrühren und mit dem Wildsalat mischen.

4 Den Wein in einem Topf zum Kochen bringen. Die Sahne dazugeben und die Flüssigkeit einkochen lassen. Den Safran und 3 EL Butter hinzufügen und die Sauce mit etwas Salz und Pfeffer abschmecken.

5 Die Jakobsmuscheln waschen und trocken tupfen. Die Muscheln an der Oberseite rautenförmig einritzen, mit Salz und Pfeffer würzen und mit 1 EL Kräutermischung einreiben. Die Muscheln in einer Pfanne in etwas Olivenöl auf beiden Seiten goldbraun braten und mit Zitronensaft beträufeln. Die restliche Butter zerlassen und die Muscheln darin schwenken. Die übrige Kräutermischung hinzufügen.

6 Den Spargel mit dem Wildsalat auf Tellern anrichten, die Jakobsmuscheln daraufsetzen und mit der Safransauce beträufeln.

Thunfisch auf Süßkartoffelpüree

von Rolf Bürger

Zutaten für 2 Personen:

2 Limetten • 5 EL Sojasauce • 2 EL helles Sesamöl • 200 g Thunfischfilet (küchenfertig; Sushi-Qualität) • 150 g Süßkartoffeln
Salz • Pfeffer aus der Mühle • 1 EL Wasabipaste • 60 g Butter
1 Päckchen Kroepoek (indones. Krabbenbrot) • 1 Päckchen runde
Kräcker • je 2 EL helle und dunkle Sesamsamen • 1 Schälchen
Alfalfa-Sprossen

Zubereitung:

1 Die Limetten auspressen. Die Sojasauce, den Limettensaft und 1 TL Sesamöl in einer flachen Schüssel verrühren. Den Thunfisch waschen, trocken tupfen und in der Marinade ziehen lassen.

2 Die Süßkartoffeln schälen, waschen und in Scheiben schneiden. Das restliche Sesamöl in einer Pfanne erhitzen und die Süßkartoffeln darin bei mittlerer Hitze auf beiden Seiten 10 Minuten braten. Mit Salz und Pfeffer würzen. Die Kartoffelscheiben mit etwas Wasser ablöschen und weitere 2 Minuten in der Pfanne köcheln lassen.

3 Die Süßkartoffeln mit der Wasabipaste und der Butter in eine Schüssel geben und mit einer Gabel fein zerdrücken. Das Kroepoek in mundgerechte Stücke brechen. Die Kräcker und die Kroepoekstücke mit dem Süßkartoffelpüree bestreichen.

4 Den hellen und dunklen Sesam auf einem Teller mischen. Den Thunfisch aus der Marinade nehmen und in der Sesammischung wenden. Den Thunfisch in dünne Scheiben schneiden und auf die Kartoffelpüree-Kräcker verteilen. Die Alfalfa-Sprossen auf einem Sieb heiß abbrausen und abtropfen lassen. Den Thunfisch auf Süßkartoffelpüree mit den Sprossen garniert servieren.

Thai-Fischcurry
mit Zitronengras und Ingwer

von Rolf Bürger

Zutaten für 2 Personen:

150 g Basmatireis ● Salz ● 2 Möhren ● 250 g Zuckerschoten
1 Stange Lauch ● 2 cm Ingwer ● 4 Stängel Zitronengras ● 1 EL Palmzucker ● 500 ml Kokosmilch ● 1 EL Sojasauce ● 2 TL Fischsauce
1 TL gelbe Currypaste ● 4 Kaffir-Limettenblätter ● je 150 g Viktoria-
barsch-, Pangasius- und Schellfischfilet (küchenfertig; ohne Haut)
4 Riesengarnelen ● 4 Miesmuscheln (ersatzweise Grünschalen-
muscheln) ● 1 unbehandelte Limette ● Pfeffer aus der Mühle

Zubereitung:

1 In einem Topf etwa 300 ml Wasser zum Kochen bringen. Den Reis
auf einem Sieb unter fließendem kaltem Wasser abbrausen, bis das
Wasser klar abläuft, und abtropfen lassen. Das kochende Wasser
salzen und den Reis darin bei schwacher Hitze 20 Minuten garen.

2 Die Möhren putzen, schälen und in dünne Stifte schneiden. Die Zuckerschoten putzen, waschen und halbieren. Den Lauch putzen und
waschen, die äußeren Blätter entfernen und den Lauch in feine
Ringe schneiden. Den Ingwer schälen und fein hacken. Das Zitronengras putzen, waschen und halbieren.

3 Den Palmzucker im Wok karamellisieren und mit der Kokosmilch ablöschen. Soja- und Fischsauce, Currypaste, Kaffir-Limettenblätter,
Ingwer und Zitronengras dazugeben. Die Möhren und Zuckerschoten
in den Wok geben, die Lauchringe ebenfalls hinzufügen und das
Gemüse bei schwacher Hitze etwa 10 Minuten köcheln lassen.

4 Inzwischen die Fischfilets waschen, trocken tupfen und in mundgerechte Stücke schneiden. Die Riesengarnelen schälen, am Rücken
entlang einschneiden und den dunklen Darm entfernen. Die Garnelen waschen und trocken tupfen. Die Miesmuscheln unter fließendem kaltem Wasser gründlich bürsten, die Bärte entfernen
und bereits geöffnete Exemplare aussortieren. Die Fischstücke,
die Garnelen und die Muscheln zum Gemüse in den Wok geben
und bei schwacher Hitze weitere 10 Minuten garen.

5 Das Zitronengras wieder entfernen. Die Limette heiß waschen, trocken reiben und etwas Schale fein abreiben, dann den Saft auspressen. Das Fischcurry mit Salz, Pfeffer, Limettenschale und -saft
abschmecken und mit dem Reis servieren. Nach Belieben mit einigen Korianderblättern garnieren.

Profi-Tipp
von Horst Lichter

》 Bei diesem Curry scheint Nep-
tun sein ganzes Füllhorn aus-
geschüttet zu haben: Dreierlei
Fischsorten, Gambas und auch
noch Miesmuscheln – da wird an
nichts gespart. Natürlich macht
die Vielfalt das Besondere dieses
Gerichts aus. Aber wenn Sie nicht
gerade eine »Küchenschlacht«
mit ehrgeizigen Konkurrenten
austragen, können Sie sich auch
nur auf eine Fischsorte beschrän-
ken. Das Curry wird trotzdem
noch wunderbar schmecken. 《

Bewertung

Ist das mit Kokosmilch gekocht? Schmeckt gut. Der Fisch
ist noch schön bissig bzw. leicht
glasig. Hm, das passt!

Steffen Henssler

Dorade mit Meerrettich-schaum und Mangoldgemüse

von Stefan Hägerling

Profi-Tipp

von **Horst Lichter**

» Viele wissen es nicht, aber man kann auch die Mangoldstiele wunderbar mitverwenden. Es wäre Verschwendung, sie einfach wegzuwerfen. Man schneidet die Stiele am besten in kleine Würfel oder Streifen und dünstet sie in Butter oder Öl an. Aber Achtung: Da sie eine längere Garzeit als die Mangoldblätter haben, müssen sie entsprechend früher in die Pfanne. «

Bewertung

Das ist ein sehr gutes Kartoffel-püree. Ich bin Fan von Pürees. Ein sehr spannendes Gericht.

Steffen Henssler

Zutaten für 2 Personen:

6 festkochende Kartoffeln ● Salz ● Olivenöl ● 1 Zweig Rosmarin 3 Knoblauchzehen ● 3 Zwiebeln ● 1 cm Ingwer ● 2 Möhren ● 6 Blätter roter Mangold ● ca. 200 ml trockener Weißwein ● 2 TL Instant-Gemüsebrühe ● Pfeffer aus der Mühle ● 200 g Sahne ● ca. 250 g Sahne-Meerrettich ● 5 EL Butter ● Meersalz ● 2 Doradenfilets (küchenfertig; mit Haut) ● 2 TL Zitronensaft ● Mehl zum Bestäuben 200 ml lauwarme Milch ● ca. 1 Bund Petersilie

Zubereitung:

1 Die Kartoffeln schälen, waschen und in einem Topf in kochendem Salzwasser etwa 25 Minuten garen. Für den Fisch etwas Olivenöl in einer Pfanne mit dem Rosmarinzweig, 2 halbierten Knoblauchzehen und 1 halbierten Zwiebel bis zur Verwendung aromatisieren.

2 Die restlichen Zwiebeln, den übrigen Knoblauch und den Ingwer schälen, die Möhren putzen und schälen. Alles fein hacken. Den Mangold putzen, waschen und die Stiele entfernen, die Blätter in kleine Stücke schneiden. Etwas Olivenöl in einer Pfanne erhitzen, die Zwiebeln, den Knoblauch und die Möhren darin andünsten. Mangold und Ingwer hinzufügen, etwas Wein angießen und das Gemüse einige Minuten dünsten. Mit Brühpulver und Pfeffer abschmecken.

3 Etwa 50 ml Wein in einem Topf zum Kochen bringen. Die Sahne dazugeben und einkochen lassen. Den Sahne-Meerrettich und 2 EL Butter unterrühren, die Sauce mit Meersalz und Pfeffer abschmecken und mit dem Stabmixer aufschäumen.

4 Die Doradenfilets waschen, trocken tupfen, mit Zitronensaft beträufeln und mit Salz und Pfeffer würzen. Die Haut nach Belieben kreuzweise einritzen. Die Filets mit Mehl bestäuben und in der Pfanne im aromatisierten Öl scharf anbraten.

5 Die Kartoffeln abgießen und heiß zerstampfen. Die restliche Butter und die lauwarme Milch untermischen. Die Petersilie waschen und trocken schütteln, die Blätter abzupfen, fein hacken und unterrühren. Das Püree mit Meersalz abschmecken. Die Doradenfilets mit dem Kartoffelpüree, dem Mangoldgemüse und dem Meerrettichschaum auf Tellern anrichten. Nach Belieben mit gemischten gehackten Kräutern bestreut servieren.

Birnen, Bohnen und Speck

von Stefan Hägerling

Profi-Tipp
von *Horst Lichter*

» Hätte ich in dieser Sendung am runden Tisch das Urteil verkünden müssen, wäre Stefan bestimmt mein Favorit gewesen. Denn mit so herrlich deftigen Sachen kann man mir die größte Freude machen. In das Traditionsgericht, das vor allem die Norddeutschen lieben, kommt hier zusätzlich noch gebratenes Kasseler – damit auch garantiert jeder satt wird. «

Zutaten für 2 Personen:

400 g festkochende Kartoffeln ● Salz ● 400 g grüne Bohnen 1 Zwiebel ● 50 g durchwachsener Speck ● 1 EL Öl ● 250 g Kasseler 1 Gewürznelke ● 1 Lorbeerblatt ● 4–6 TL Instant-Rinderbrühe Pfeffer aus der Mühle ● 1/2 Bund Bohnenkraut ● 2 Birnen 1 EL Zucker

Zubereitung:

1 Die Kartoffeln schälen, waschen und in einem Topf in kochendem Salzwasser etwa 25 Minuten garen. Die Bohnen putzen, waschen und abtropfen lassen.

2 Die Zwiebel schälen und in kleine Würfel schneiden. Den Speck ebenfalls in Würfel schneiden. Das Öl in einem Topf erhitzen und die Zwiebelwürfel darin andünsten. Den Speck und das Kasseler dazugeben und anbraten. Mit 400 bis 500 ml Wasser ablöschen und aufkochen lassen. Die Nelke, das Lorbeerblatt und das Brühpulver hinzufügen und mit Salz und Pfeffer würzen.

3 Das Bohnenkraut waschen und trocken schütteln. Die Bohnen mit dem Bohnenkraut in die Brühe geben und darin bissfest kochen. Das Bohnenkraut wieder entfernen und die Brühe nach Belieben mit 2 TL Mehl binden.

4 Die Birnen schälen, vierteln und die Kerngehäuse entfernen. Die Birnenviertel in einer Pfanne mit etwas Kasselersud und dem Zucker karamellisieren.

5 Die Kartoffeln abgießen. Mit dem Kasseler, den Bohnen und den Birnen auf Tellern anrichten, mit etwas Fleischsud beträufeln und nach Belieben mit Petersilie garnieren.

Bewertung

Das ist gut. Das Fleisch und die Bohnen sind würzig. Aber Achtung bei den Bohnen: Sie sollten noch Biss haben.

Steffen Henssler

Gebratene hohe Rippe mit Polentaplätzchen

von Rolf Bürger

Zutaten für 2 Personen:

1 Stück hohe Rippe (4 cm hoch; küchenfertig) ● 1 EL Butterschmalz
Fleur de Sel ● Pfeffer aus der Mühle ● grobes Meersalz ● 1 Sellerieknolle ● 2 Möhren ● 1 Pastinake ● 8 Teltower Rübchen ● 1 Kohlrabi
250 g Zuckerschoten ● 5 EL Butter ● 100 g Instant-Polenta
150 g Parmesan (am Stück)

Zubereitung:

1 Den Backofen auf 120 °C vorheizen. Ein Ofengitter auf die mittlere
Schiene und darunter ein Abtropfblech schieben. Die hohe Rippe
waschen und trocken tupfen. Das Butterschmalz in einer Pfanne erhitzen und das Fleisch darin auf beiden Seiten 4 Minuten scharf anbraten. Das Fleisch mit Fleur de Sel und Pfeffer würzen und im Ofen
auf dem Ofengitter 30 Minuten garen.

2 In einem Topf Wasser zum Kochen bringen und mit 1 EL grobem
Meersalz würzen. Das Wurzelgemüse putzen und schälen. Mit einem
Parisienne-Ausstecher aus Sellerie, Möhren, Pastinake, Teltower
Rübchen und Kohlrabi Gemüsekugeln ausstechen. Die Gemüsekugeln
in der genannten Reihenfolge nach und nach in das kochende Salzwasser geben. Die Zuckerschoten putzen, waschen und halbieren,
ebenfalls hinzufügen und mit dem Wurzelgemüse bissfest garen.

3 In einem Topf 1 EL Butter erhitzen und die Polenta darin kurz anrösten. Unter Rühren 300 ml Wasser dazugießen, zum Kochen bringen und unter ständigem Rühren etwa 5 Minuten weiterkochen. Mit
1/2 TL Fleur de Sel würzen.

4 Den Parmesan fein reiben. Zwei Drittel des Käses unter die Polenta
rühren. In einer Pfanne 2 EL Butter erhitzen. Aus der Polentamasse
mit einem Esslöffel Fladen formen und in die heiße Butter geben.
Den restlichen Parmesan über die Fladen streuen. Die Polentaplätzchen zugedeckt bei schwacher Hitze 15 Minuten braten.

5 Die restliche Butter in einer Pfanne erhitzen, die Gemüsekugeln hinzufügen und 4 Minuten braten. Anschließend mit Fleur de Sel und
Pfeffer würzen. Das Fleisch aus dem Ofen nehmen und in Scheiben
schneiden. Mit dem Gemüse und den Polentaplätzchen anrichten.

Profi-Tipp
von Horst Lichter

》 Zurück zu den Wurzeln, kann
man hier nur sagen – denn bei
diesem Rezept wandert alles, was
es an gutem Wurzelgemüse gibt,
in einen Topf. Jahrzehntelang
kannte Teltower Rübchen kaum
einer, jetzt hat man sie zum Glück
wiederentdeckt. Schließlich wurden sie früher in gehobenen Kreisen als Delikatesse gehandelt,
und auch der alte Goethe konnte
angeblich nicht genug von ihnen
bekommen. 《

Bewertung

Das Gemüse ist gut, aber man
müsste nicht unbedingt Kügel-
chen ausstechen. Das ist Haute
Cuisine, aber okay. Das Fleisch
ist super gebraten. Was vielleicht fehlt, ist eine Sauce.

Steffen Henssler

Gefülltes Hähnchenfilet mit Kartoffelgratin

von Stefan Hägerling

Bewertung

Das Hähnchen ist gut, das Gratin sehr schön. Es ist ein bisschen viel Öl auf dem Teller. Aber: kein schlechter Anfang.

Ralf Zacherl

Zutaten für 2 Personen:

3 Knoblauchzehen ● 5 festkochende Kartoffeln ● Salz ● Pfeffer aus der Mühle ● 200 g Sahne ● frisch geriebene Muskatnuss ● 2 Hähnchenbrustfilets ● 60 g Frischkäse mit Lauch ● 6 dünne Scheiben Parmaschinken ● 100 g Parmesan (am Stück) ● 2 Eigelb ● 12 Cocktailtomaten ● 125 g Büffelmozzarella ● Olivenöl ● Aceto balsamico ● 2 Stiele Basilikum

Zubereitung:

1 Den Backofen auf 200 °C (Umluft) vorheizen. Den Knoblauch schälen, 1 Zehe halbieren, die beiden restlichen Knoblauchzehen in kleine Würfel schneiden. Eine kleine ofenfeste Form mit den Knoblauchhälften ausreiben.

2 Die Kartoffeln schälen, waschen, in dünne Scheiben schneiden und in die Form schichten. Mit Salz und Pfeffer würzen.

3 Die Sahne darübergießen und etwas Muskatnuss darüberreiben. Das Kartoffelgratin im Ofen auf der mittleren Schiene 30 Minuten goldbraun backen.

4 Die Hähnchenbrustfilets waschen, trocken tupfen und leicht flach klopfen. Die Filets mit Frischkäse bestreichen und mit Pfeffer würzen. Mit je 3 Scheiben Schinken belegen, die Hähnchenfilets aufrollen, nach Belieben mit Rouladennadeln feststecken und in eine kleine ofenfeste Form geben.

5 Den Parmesan fein reiben. Die Eigelbe mit dem Parmesan in einer Schüssel verquirlen und über die Hähnchenrouladen gießen. Zu dem Kartoffelgratin in den Ofen auf die mittlere Schiene stellen und 10 Minuten garen.

6 Die Cocktailtomaten waschen. Den Mozzarella klein schneiden. Beides mit etwas Olivenöl und Essig beträufeln. Das Hähnchen aus dem Ofen nehmen, die Tomaten-Mozzarella-Mischung zu dem Fleisch in die ofenfeste Form geben und alles weitere 10 Minuten im Ofen garen.

7 Das Basilikum waschen, trocken schütteln und die Blätter abzupfen. Die überbackenen Hähnchenröllchen mit dem Basilikum garnieren und mit dem Kartoffelgratin auf Tellern anrichten.

Marinierte Lammkoteletts mit Erbsenpüree

von Rolf Bürger

Bewertung

Das Lammfleisch ist perfekt auf den Punkt gegart. Das muss ich schon sagen, da kann man nicht motzen.

 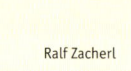

Ralf Zacherl

Zutaten für 2 Personen:

6 Knoblauchzehen ● 4 Zweige Rosmarin ● 6 Lammkoteletts (à 80 g; küchenfertig, mit Knochen) ● 100 ml Olivenöl ● Salz ● Pfeffer aus der Mühle ● 500 g Erbsen (tiefgekühlt) ● 150 ml Gemüsebrühe 2 Stiele Minze ● 1 EL Butter ● 1 EL Crème fraîche

Zubereitung:

1 Den Knoblauch schälen und andrücken. Den Rosmarin waschen und trocken schütteln. Die Lammkoteletts waschen und trocken tupfen. Das Olivenöl in einer Schüssel mit dem Knoblauch, dem Rosmarin, Salz und Pfeffer mischen und die Lammkoteletts darin 15 Minuten marinieren.

2 Die Erbsen in einem Topf in der Brühe 5 Minuten garen. Die Minze waschen, trocken schütteln und die Blätter abzupfen. Die Erbsen mit 5 Minzeblättern, der Butter und der Crème fraîche in einem hohen Rührbecher mit dem Stabmixer pürieren. Das Erbsenpüree mit Salz und Pfeffer abschmecken.

3 Den Backofen auf 100 °C (Umluft) vorheizen. Das Ofengitter auf die mittlere Schiene und darunter ein Abtropfblech schieben. Die Lammkoteletts aus der Marinade nehmen, Rosmarin und Knoblauch beiseitelegen. In einer ofenfesten Pfanne 2 EL von dem Gewürzöl erhitzen und die Koteletts darin auf einer Seite 1 Minute scharf anbraten.

4 Den Knoblauch und den Rosmarin hinzufügen und die Lammkoteletts auf der anderen Seite ebenfalls 1 Minute scharf anbraten. Das Fleisch im Ofen auf der mittleren Schiene 10 Minuten gar ziehen lassen.

5 Das Erbsenpüree mit den Lammkoteletts auf Tellern anrichten, mit etwas Gewürzöl aus der Pfanne beträufeln und mit den restlichen Minzeblättern garnieren. Nach Belieben mit einigen Scheiben Landbrot servieren.

Birne mit Walnüssen und Roquefortcreme

von Rolf Bürger

Zutaten für 2 Personen:

2 EL Zucker ● 1 EL Williamsbrand ● 100 g Walnusskerne ● 2 Zitronen
2 große Williams-Christ-Birnen ● 120 g Roquefort (franz. Edel-
schimmelkäse) ● 60 g Mascarpone ● Pfeffer aus der Mühle
Balsamicocreme

Zubereitung:

1 Den Zucker mit dem Williamsbrand in einer beschichteten Pfanne karamellisieren. Die Walnusskerne hinzufügen, im Karamell schwenken und abkühlen lassen.

2 Die Zitronen auspressen und den Saft in eine Schüssel geben. Die Birnen schälen, halbieren und die Kerngehäuse großzügig entfernen. Die Birnenhälften mit der Hälfte des Zitronensafts beträufeln.

3 Den Roquefort zerkrümeln und mit dem Mascarpone in einer Schüssel cremig rühren, mit Pfeffer und dem restlichen Zitronensaft abschmecken.

4 Die karamellisierten Walnüsse fein hacken, die Birnenhälften darin wälzen und mit der Schnittfläche nach oben auf Dessertteller setzen. Die Käsemasse in einen Spritzbeutel mit großer Loch- oder Sterntülle füllen und in die Birnenhälften spritzen. Die gefüllten Birnen mit den restlichen karamellisierten Nüssen bestreuen und mit Balsamicocreme garnieren.

Mini-Schokopudding mit karamellisierter Birne

von Stefan Hägerling

Profi-Tipp
von *Horst Lichter*

>> Was lernen wir bei diesem Rezept? Wer heute als Pudding was auf sich hält, wird nicht nur einfach im Topf gerührt, sondern muss im Backofen garen. Der ganze Aufwand lohnt sich aber, weil die Mini-Puddings so eine richtig schön knusprige Haube bekommen, während sie innen saftig und cremig bleiben. Wenn übrigens Kinder mitessen, sollten Sie Birnenschnaps und Marsala lieber im Likörgläschen zum Kaffee trinken und die Kekse – wenn überhaupt – mit etwas Birnensaft beträufeln. <<

Zutaten für 2 Personen:

Butter für die Tassen ● 50 g Zartbitterschokolade (70 % Kakaoanteil) 50 g weiche Butter ● 2 EL Kakaopulver ● Salz ● 1 Ei ● 50 g Zucker 100 g Crème fraîche ● 1 TL heller Sirup (Zuckerrübensirup) 1/2 Birne ● 2 Sesamkekse ● 1 cl Birnenschnaps ● 1 cl Marsala (ital. Dessertwein)

Zubereitung:

1 Den Backofen auf 180 °C (Umluft) vorheizen. Espressotassen mit Butter einfetten. Die Schokolade grob hacken. Die weiche Butter mit der Schokolade, dem Kakaopulver und 1 Prise Salz in einer Metallschüssel im heißen Wasserbad unter Rühren schmelzen.

2 Das Ei trennen und das Eiweiß zu einem steifen Schnee schlagen. Das Eigelb und 40 g Zucker in einer weiteren Schüssel mit dem Schneebesen schaumig schlagen, bis sich der Zucker aufgelöst hat. Die Hälfte der Crème fraîche und den Sirup unterrühren. Die Schoko-Butter-Mischung hinzufügen und alles mit den Quirlen des Handrührgeräts 3 Minuten verrühren. Den Eischnee unterheben und die Schokoladenmasse auf die Espressotassen verteilen.

3 Die Tassen auf ein tiefes Backblech stellen und so viel Wasser dazugießen, dass die Tassen zu etwa zwei Dritteln im Wasser stehen. Schokopudding im Ofen auf der mittleren Schiene 20 Minuten garen.

4 Inzwischen die Birnenhälfte schälen und das Kerngehäuse entfernen. Das Birnenfruchtfleisch in kleine Würfel schneiden. Die Birnenwürfel in einer beschichteten Pfanne andünsten. Mit dem restlichen Zucker bestreuen und karamellisieren. Die übrige Crème fraîche hinzufügen und untermischen.

5 Die Mini-Schokopuddings aus dem Ofen nehmen und die Birnenwürfel daraufgeben. Die Sesamkekse zerbröseln und darüberstreuen, mit Birnenschnaps und Marsala beträufeln. Die Mini-Schokopuddings nach Belieben mit Puderzucker bestäubt servieren.

Bewertung

Der Schokopudding ist wirklich sehr lecker, wobei die Birne noch stärker karamellisiert sein könnte. Aber sie schmeckt trotzdem gut.

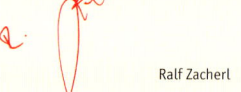

Ralf Zacherl

Nackenkoteletts in Apfel-Meerrettich-Sauce

Zubereitung:

1 Die Kartoffeln schälen, waschen und in einem Topf in kochendem Salzwasser etwa 20 Minuten garen. Den Blumenkohl putzen, waschen und in die einzelnen Röschen teilen. Die Blumenkohlröschen ebenfalls in einem Topf in kochendem Salzwasser garen.

2 Den Backofen auf 90 °C vorheizen. Koteletts waschen und trocken tupfen. Das Butterschmalz in einer Pfanne erhitzen, die Koteletts darin bei mittlerer Hitze auf beiden Seiten 12 bis 15 Minuten braten.

3 Die Äpfel schälen, mit einem Apfelausstecher die Kerngehäuse entfernen und das Fruchtfleisch quer in 1 cm dicke Scheiben schneiden.

4 Das Fleisch aus der Pfanne nehmen, auf ein Backblech legen und mit Alufolie bedeckt im Ofen warm halten. Die Apfelscheiben in der Pfanne im Bratensatz auf beiden Seiten braten, dabei mit etwas Zucker bestreuen und karamellisieren.

5 Den Meerrettich mit der Sahne glatt rühren und zu den Apfelscheiben geben. Den ausgetretenen Fleischsaft vom Blech ebenfalls hinzufügen. Die Apfel-Meerrettich-Sauce mit Salz und Pfeffer abschmecken.

6 Die Kartoffeln und den Blumenkohl jeweils in ein Sieb abgießen. Die Butter zerlassen. Die Koteletts auf einer großen Platte oder auf Tellern mit der Apfel-Meerrettich-Sauce und dem Gemüse anrichten. Den Blumenkohl mit Muskatnuss würzen und die Butter darübergeben.

Zutaten für 2 Personen:

400 g kleine festkochende Kartoffeln · Salz
1 Blumenkohl
2 Schweinenackenkoteletts
(à 300 g; küchenfertig)
3 EL Butterschmalz
3 säuerliche Äpfel · Zucker
3 EL Meerrettich
(aus dem Glas)
125 g Sahne
Pfeffer aus der Mühle
50 g Butter
frisch geriebene Muskatnuss

Das Geheimnis dieses Rezepts

Das Geheimnis dieses Rezepts liegt darin, dass es kein Geheimnis gibt – also: Ich verspreche jedem, der es nachkocht, dass es nicht schwierig ist und garantiert gelingt. Wenn Ihre Gäste von dem Gericht begeistert sind, wovon ich eigentlich ausgehe, können Sie ja trotzdem so tun, als sei es ein Mordsaufwand gewesen. Mein persönlicher Favorit ist die Sauce: Hier harmoniert die Süße der karamellisierten Äpfel perfekt mit der feinen Schärfe des Meerrettichs.

Aprikosen
mit Amarettini-Schnee

Zubereitung:

1 Den Backofen auf 200 °C vorheizen. Die Limette auspressen. Die Eiweiße mit 1 Prise Salz zu einem sehr steifen Schnee schlagen, dabei die Hälfte des Limettensafts unterrühren. Von den Amarettini 20 Stück in einen Gefrierbeutel geben, gut verschließen und mit dem Nudelholz fein zerbröseln. Die Amarettini-Brösel vorsichtig unter den Eischnee heben.

2 Die Aprikosen kreuzweise einritzen und kurz in kochendes Wasser tauchen. Die Aprikosen häuten, halbieren und entsteinen.

3 Die Aprikosenhälften mit der Schnittfläche nach oben in eine ofenfeste Form setzen und den Amarettini-Schnee darauf verteilen. Die Früchte im Ofen auf der mittleren Schiene 6 bis 7 Minuten backen, bis der Eischnee leicht Farbe angenommen hat.

4 Inzwischen für die Sauce den Joghurt mit dem restlichen Limettensaft und dem Zucker gut verrühren. Die Pinienkerne hacken.

5 Die Limetten-Joghurt-Sauce auf Dessertteller verteilen und die überbackenen Aprikosen darauf anrichten. Mit den Pinienkernen bestreuen, durch ein feines Sieb mit Puderzucker bestäuben und mit den restlichen Amarettini anrichten.

Zutaten für 2 Personen:

1 Limette
2 Eiweiß · Salz
30 Amarettini
(ital. Mandelmakronen)
3 Aprikosen
100 g Sahnejoghurt
2 EL brauner Zucker
2 EL Pinienkerne
Puderzucker zum Bestäuben

Das Geheimnis dieses Rezepts

Dies ist ein richtig schön mediterranes Sommerdessert. Und damit auch derjenige, der es zubereitet, gute Laune hat, geht es ganz leicht und schnell von der Hand. Nur beim Eischneeschlagen muss man ein paar Regeln beachten: Sie sollten die Eier ganz sorgfältig trennen – es darf kein Eigelb in das Eiweiß gelangen, denn durch das darin enthaltene Fett wird der Eischnee nicht richtig fest. Deswegen sollten auch die Schüssel und der Quirl absolut fettfrei sein.

Gebratene Kalbsleber auf kleinen Reibekuchen

von Peter Stoppa

Profi-Tipp
von *Johann Lafer*

» Die rustikal-klassische Kombination Leber und Apfel bekommt hier durch Calvados und Weißwein eine edel-französische Note. Bei der Zubereitung von Leber ist es wichtig, die Leber erst nach dem Braten mit Salz zu würzen – sie wird sonst zäh wie Leder. Die Calvadossauce bekommt durch die untergemixte kalte Butter eine schön sämige Bindung und ein feines Aroma. Diese Methode hat die traditionelle Mehlschwitze in der Profiküche mittlerweile fast verdrängt. «

Zutaten für 2 Personen:

2 festkochende Kartoffeln ● 1 Zwiebel ● 1 Ei ● Salz ● Pfeffer aus der Mühle ● 2–3 EL Olivenöl ● 1 säuerlicher Apfel (z. B. Boskop) 1 EL Zucker ● 125 ml trockener Weißwein ● 1 EL Zitronensaft 200 ml Kalbsfond ● 40 ml Apfelsaft ● 2 Scheiben Kalbsleber (à 60 g; küchenfertig) ● 2 EL Mehl ● 2 EL Calvados (franz. Apfelbranntwein) 4 EL kalte Butter ● 2 unbehandelte Zitronenscheiben

Zubereitung:

1 Die Kartoffeln schälen, waschen, auf der Gemüsereibe fein raspeln und auf einem Sieb abtropfen lassen. Die Zwiebel schälen und in kleine Würfel schneiden. Die Kartoffeln mit der Zwiebel und dem Ei in einer Schüssel mischen und mit Salz und Pfeffer würzen.

2 In einer Pfanne 1 bis 2 EL Olivenöl erhitzen. Die Kartoffelmischung hineingeben, glatt streichen und darin goldbraun braten. Wenden und die andere Seite ebenfalls kross braten. Anschließend mit einem runden Ausstecher zwei Kreise ausstechen.

3 In der Zwischenzeit den Apfel schälen, mit einem Apfelausstecher das Kerngehäuse entfernen und den Apfel quer in Scheiben schneiden. In einer Pfanne den Zucker karamellisieren, die Apfelscheiben hinzufügen und weich dünsten. Mit dem Wein ablöschen und den Zitronensaft dazugießen.

4 Für die Sauce den Fond mit dem Apfelsaft in einem Topf erhitzen und auf die Hälfte einkochen lassen. Den Backofen auf 100 °C vorheizen.

5 Die Leberscheiben waschen, trocken tupfen und mit dem Mehl bestäuben. Das restliche Olivenöl in einer Pfanne erhitzen und die Leber darin auf beiden Seiten je 3 Minuten braten. Die Kalbsleber mit Salz und Pfeffer würzen und im Ofen warm halten.

6 Die eingekochte Sauce mit Calvados, Salz und Pfeffer abschmecken und nach Belieben mit Speisestärke binden. Die kalte Butter in Stücke schneiden und hinzufügen, die Sauce mit dem Stabmixer aufschäumen.

7 Die Leberscheiben auf die Reibekuchen legen und mit den Apfelscheiben anrichten. Mit der Calvadossauce beträufeln und mit den Zitronenscheiben garniert servieren.

Bewertung

Was ich auf alle Fälle gern mag, ist die Leber. Die Reibekuchen sind so lecker, dass sie ein wenig größer sein könnten.

Mario Kotaska

Jakobsmuscheln
in Elsässer-Riesling-Sauce

von Klaus Kirschner

Profi-Tipp
von *Johann Lafer*

» Die zarten Jakobsmuscheln wollen bei der Zubereitung auch mit entsprechendem Feingefühl behandelt werden. Um diese Delikatesse richtig genießen zu können, darf man sie nicht zu lange braten – das Muschelfleisch wird sonst wie ein Radiergummi. Mit dem Safran in der Weinsauce haben die edlen Schalentiere hier einen standesgemäßen Begleiter gefunden. «

Bewertung

Das sieht richtig, richtig toll aus. Die Jakobsmuscheln sind sehr gut und perfekt auf den Punkt gebraten.

Mario Kotaska

Zutaten für 2 Personen:

1 Zucchino • 1 EL Olivenöl • 1 Tomate • 10 Jakobsmuscheln (küchenfertig) • Salz • Pfeffer aus der Mühle • Mehl zum Bestäuben 1–2 EL Butter • 1 Schalotte • 1 Zweig Thymian • 125 ml Elsässer Riesling • 125 ml Fischfond • 125 g Sahne • 1 Msp. Safranfäden 1 Stiel Kerbel • 50 g kalte Butter

Zubereitung:

1 Den Backofen auf 80 °C vorheizen. Den Zucchino putzen, waschen und in Scheiben schneiden. Das Olivenöl in einer Pfanne erhitzen und die Zucchinischeiben darin auf beiden Seiten goldbraun braten. Einen Teller mit Küchenpapier auslegen, die gebratenen Zucchinischeiben daraufgeben und im Backofen warm halten.

2 Die Tomate kreuzweise einritzen, überbrühen, kalt abschrecken, häuten, halbieren und entkernen. Das Fruchtfleisch in kleine Würfel schneiden.

3 Die Jakobsmuscheln waschen und trocken tupfen. Das Muschelfleisch mit Salz und Pfeffer würzen und mit etwas Mehl bestäuben. Die Butter in einer Pfanne erhitzen und die Jakobsmuscheln darin bei mittlerer Hitze auf beiden Seiten je 3 Minuten braten. Ebenfalls im Backofen warm halten.

4 Die Schalotte schälen und in kleine Würfel schneiden. Den Thymian waschen und trocken schütteln. Die Schalotte mit dem Thymian in der Pfanne im Bratensatz andünsten. Mit Wein, Fond und Sahne ablöschen und auf die Hälfte einkochen lassen. Den Thymianzweig entfernen. Die Safranfäden und die Tomatenwürfel hinzufügen und die Sauce kurz aufkochen lassen.

5 Den Kerbel waschen und trocken schütteln, die Blätter abzupfen und fein hacken. Die kalte Butter in Stücke schneiden und unter die Sauce rühren. Die Jakobsmuscheln und die Zucchinischeiben auf Tellern anrichten und mit der Elsässer-Riesling-Sauce beträufeln. Mit dem gehackten Kerbel garniert servieren.

Überbackene Jakobs-muscheln mit Blattspinat

von Peter Stoppa

Zutaten für 2 Personen:

**200 g Blattspinat (tiefgekühlt) ● 1 Knoblauchzehe ● 50 g Butter
250 g Sahne ● Salz ● Pfeffer aus der Mühle ● 1 Schalotte ● 8 Champignons ● 1 EL Mehl ● 100 ml trockener Weißwein ● 30 g Greyerzer
(am Stück) ● 1 Eigelb ● 6 Jakobsmuscheln (küchenfertig)
1 unbehandelte Zitrone**

Zubereitung:

1 Den Spinat auftauen lassen. Den Knoblauch schälen und einen Topf damit ausreiben. In dem Topf 1 EL Butter erhitzen und den Spinat darin andünsten. Nach und nach etwa 5 EL Sahne hinzufügen und den Spinat so lange dünsten, bis er die Sahne aufgesogen hat. Mit Salz und Pfeffer abschmecken.

2 Die Schalotte schälen und in kleine Würfel schneiden. Die Champignons putzen, trocken abreiben und in Scheiben schneiden. In einer Pfanne 1 EL Butter erhitzen und die Schalottenwürfel darin andünsten. Die Champignons hinzufügen und 10 Minuten mitdünsten. Mit Salz und Pfeffer würzen.

3 In einem weiteren Topf 2 EL Butter erhitzen und das Mehl unterrühren. Den Wein unter Rühren dazugießen und 5 Minuten einkochen lassen. Die restliche Sahne hinzufügen und die Sauce 5 Minuten weiterköcheln lassen.

4 Den Backofen auf 180 °C vorheizen. Den Greyerzer reiben und in der Sauce schmelzen lassen. Die Sauce vom Herd nehmen und mit dem Eigelb binden. Die Schalotte und die Champignons untermischen. Die Jakobsmuscheln waschen, trocken tupfen und in Scheiben schneiden. Die restliche Butter in einer weiteren Pfanne erhitzen und die Jakobsmuscheln darin wenige Minuten glasig braten. Die Muscheln aus der Pfanne nehmen.

5 Den Spinat in zwei saubere Jakobsmuschelschalen oder zwei ofenfeste Schälchen geben. Die Jakobsmuschelscheiben auf die Schalen verteilen, mit der Sauce überziehen und im Ofen auf der oberen Schiene 2 Minuten gratinieren. Die Zitrone heiß waschen, trocken reiben und in Scheiben schneiden. Die gratinierten Jakobsmuscheln in den Schalen auf Teller setzen und mit den Zitronenscheiben und nach Belieben 1 EL Meeresalgen garniert servieren.

Profi-Tipp

von *Johann Lafer*

≫ Bis auf Morcheln, die häufig stark verschmutzt sind, sollte man Pilze niemals waschen – es reicht aus, sie mit Küchenpapier trocken abzureiben. Ansonsten würden sich die Pilze mit Wasser vollsaugen: Sie verlieren dadurch an Aroma und werden beim Braten oder Dünsten matschig. ≪

Bewertung

Die Muscheln schmecken nicht nur gut, sie sind auch schön angerichtet. Hübsch dekoriert!

Steffen Henssler

Putencurry »Tobago Style«

von Klaus Kirschner

Profi-Tipp
von *Johann Lafer*

» Kochbananen sind hierzulande noch eher unbekannt, in einigen Ländern Südamerikas, Afrikas und Asiens zählen sie dagegen seit Langem zu den Grundnahrungsmitteln, ähnlich wie bei uns Kartoffeln. Im Vergleich zu herkömmlichen Obstbananen sind sie kantiger und wesentlich größer – der wichtigste Unterschied besteht aber darin, dass man sie nur gegart verzehren darf. In der Karibik werden sie beispielsweise auch als Brei zubereitet und sogar wie Pommes frittiert. «

Bewertung

Was ist Tobago Style? Ist Tobago nicht eine Karibikinsel? Egal, das Curry ist in Ordnung. Ja, hm, wirklich gut.

Steffen Henssler

Zutaten für 2 Personen:

1 Limette • 250 g Putenbrustfilet • 85 ml Green Seasoning (karib. Sauce) • 85 ml rote Peppersauce • Meersalz • Pfeffer aus der Mühle 2 Kochbananen (aus dem Asienladen) • 125 g Reis • 2 Zwiebeln 3 Knoblauchzehen • 3 cm Ingwer • je 1 rote und gelbe Paprikaschote Olivenöl • 2 TL rote Currypaste • 2 EL Butter • 200 ml Kokosmilch 25 g Pistazienkerne • je 2 Stiele Minze und Koriander

Zubereitung:

1 Die Limette auspressen. Das Putenbrustfilet waschen, trocken tupfen und in Würfel schneiden. Das Putenfleisch mit Green Seasoning und Peppersauce, Limettensaft, Meersalz und Pfeffer marinieren und etwas ziehen lassen.

2 Die Kochbananen schälen und in einer Schüssel in Salzwasser 5 bis 10 Minuten einweichen. Den Reis auf einem Sieb unter fließendem kaltem Wasser abbrausen, bis das Wasser klar abläuft, und abtropfen lassen. Dann den Reis in einem Topf in kochendem Salzwasser bei schwacher Hitze garen.

3 Die Zwiebeln, den Knoblauch und den Ingwer schälen und in kleine Würfel schneiden bzw. hacken. Die Paprikaschoten längs halbieren, entkernen, waschen und in Streifen schneiden. Die Zwiebelwürfel mit den Paprikastreifen in einer Pfanne in etwas Olivenöl andünsten. Die Currypaste, den Knoblauch und den Ingwer unterrühren und alles einige Minuten schmoren lassen.

4 Die Kochbananen aus dem Salzwasser nehmen, trocken tupfen und schräg in Scheiben schneiden. Die Butter in einer zweiten Pfanne erhitzen und die Bananenscheiben darin bei mittlerer Hitze 8 Minuten goldbraun braten.

5 Etwas Olivenöl in einer Pfanne erhitzen und die marinierten Putenbrustwürfel darin rundum anbraten. Die Kokosmilch dazugießen, das Currygemüse hinzufügen und alles bei schwacher Hitze etwa 10 Minuten weitergaren.

6 Die Pistazien hacken. Die Kräuter waschen und trocken schütteln, die Blätter abzupfen und grob hacken. Den Reis in ein Sieb abgießen. Das Putencurry mit den Bananenscheiben und dem Reis anrichten und mit Pistazien, Minze und Koriander bestreut servieren.

Schweinefilet in pikanter Sauce mit Bandnudeln

von Peter Stoppa

Profi-Tipp

von *Johann Lafer*

>> Butterschmalz ist ideal, um Fleisch anzubraten. Es wird aus reiner Butter hergestellt, hat aber nur einen sehr geringen Eiweiß- und Wasseranteil. Deshalb liefert es zwar das gute Butteraroma, ist aber wesentlich höher erhitzbar. Sein Rauchpunkt liegt bei etwa 205 °C. Butterschmalz brennt selbst bei hohen Temperaturen nicht an und spritzt nicht in der Pfanne. <<

Bewertung

Dieses Schweinefilet sieht super aus. Es wurde gut angebraten – man schmeckt noch die Röstaromen. Pikant würde ich die Sauce nicht nennen, die ist eher sauer.

Ralf Zacherl

Zutaten für 2 Personen:

250 g Schweinefilet (küchenfertig) ● 1 EL Butterschmalz ● 2 Zweige Thymian ● Pfeffer aus der Mühle ● 1 Zwiebel ● 1 EL Tomatenmark 1 EL Mehl ● 125 ml trockener Weißwein ● 125 ml Rinderfond 1 EL Essig ● 5 Cornichons ● 1 TL Zucker ● 1 TL scharfer Senf 1 EL Butter ● 200 g Crème fraîche ● Salz ● 200 g frische Bandnudeln

Zubereitung:

1 Den Backofen auf 140 °C vorheizen. Ein Ofengitter auf die mittlere Schiene und darunter ein Abtropfblech schieben. Das Schweinefilet waschen und trocken tupfen. Das Butterschmalz in einer Pfanne erhitzen und das Filet darin rundum scharf anbraten.

2 Den Thymian waschen, trocken schütteln und die Blätter abzupfen. Das Fleisch aus der Pfanne nehmen, mit Pfeffer würzen und mit dem Thymian einreiben. Das Schweinefleisch im Ofen auf dem Ofengitter 10 Minuten garen.

3 Die Zwiebel schälen und in kleine Würfel schneiden. Die Zwiebelwürfel in der Pfanne im Bratensatz braun braten. Das Tomatenmark hinzufügen und mitbraten. Das Mehl unterrühren und mit dem Wein, dem Fond und dem Essig ablöschen. Die Sauce bei mittlerer Hitze 15 Minuten einköcheln lassen.

4 Die Cornichons in sehr kleine Stücke schneiden. Mit dem Zucker, dem Senf und der Butter zur Sauce geben. Die Crème fraîche unterrühren und die Sauce nochmals erhitzen. Mit Salz und Pfeffer und nach Belieben abgeriebener unbehandelter Zitronenschale würzen.

5 Die frischen Bandnudeln in kochendem Salzwasser etwa 3 Minuten bissfest garen. In ein Sieb abgießen und abtropfen lassen. Das Schweinefilet in Scheiben schneiden und mit den Bandnudeln und der pikanten Sauce auf Tellern anrichten.

Gefüllte Kalbsschnitzel an Rotwein-Balsamico-Schalotten

von Klaus Kirschner

Zutaten für 2 Personen:

4 Kalbsschnitzel (à ca. 80 g) ● 4 Scheiben Greyerzer ● 4 Scheiben Parmaschinken ● Salz ● Pfeffer aus der Mühle ● 2 EL Mehl 2 EL Butter ● 2 EL Olivenöl ● 125 ml trockener Weißwein 125 ml Kalbsfond ● 500 g Schalotten ● 200 ml trockener Rotwein 3 EL alter Aceto balsamico ● 250 g Bandnudeln ● 100 g Sahne

Zubereitung:

1 Die Kalbsschnitzel waschen und trocken tupfen. Zwei Kalbsschnitzel mit je 2 Scheiben Greyerzer und Parmaschinken belegen und mit den restlichen Schnitzeln bedecken. Die Fleischränder andrücken und verschließen (am besten mit dem Plattiereisen oder der flachen Seite eines Hackmessers festklopfen). Die Schnitzel mit Salz und Pfeffer würzen und im Mehl wenden.

2 In einer Pfanne 1 EL Butter und das Olivenöl erhitzen und die Schnitzel darin auf beiden Seiten goldbraun braten. Die Schnitzel aus der Pfanne nehmen, den Bratensatz mit dem Weißwein ablöschen und kurz aufkochen lassen. Den Fond dazugießen und etwas einköcheln lassen.

3 Die Kalbsschnitzel wieder in die Pfanne geben und in der Weinsauce zugedeckt bei schwacher Hitze 15 Minuten schmoren. Die Schnitzel dabei zwischendurch wenden.

4 Die Schalotten schälen. Die restliche Butter in einer weiteren Pfanne erhitzen und die Schalotten darin andünsten. Mit dem Rotwein ablöschen und die Schalotten bei schwacher Hitze 15 Minuten ziehen lassen. Die Rotweinschalotten mit dem Essig abschmecken.

5 Die Bandnudeln nach Packungsanweisung in reichlich kochendem Salzwasser bissfest garen.

6 Die Schnitzel aus dem Weinsud nehmen und auf Teller verteilen. Die Sahne zum Sud geben und unter Rühren 1 Minute aufkochen lassen, mit Salz und Pfeffer abschmecken. Die gefüllten Kalbsschnitzel mit der Weißweinsauce, den Rotwein-Balsamico-Schalotten und den Bandnudeln auf Tellern anrichten.

Profi-Tipp

von *Johann Lafer*

» Bei Schmorgerichten sollten Sie nicht beim Rotwein sparen, denn eine Sauce kann nur so gut schmecken, wie es die Qualität der Zutaten erlaubt. Als Faustregel gilt: Beim Kochen den Wein verwenden, den man später auch zum Essen servieren möchte. Zu diesen italienisch inspirierten Schnitzeln passt zum Beispiel ein kräftiger Chianti. «

Bewertung

Das schaut gut aus. Das Gericht ist farblich schön abgestimmt. Die Sauce ist gut, das Schnitzel nicht schlecht. Kommt weiter!

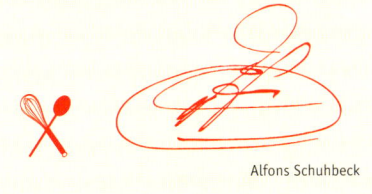

Alfons Schuhbeck

Rinderfilet
an Pommery-Senf-Sauce

von Klaus Kirschner

Profi-Tipp
von *Johann Lafer*

» Durch den Speckmantel erhält das Rindfleisch einen würzigen Geschmack und bleibt beim Garen besonders saftig. Damit das Filet in Pfanne und Ofen gleichmäßig durchgaren kann, sollte man es mit Küchengarn in Form binden. Als Beilage können Sie zu dem Filet auch noch ein Kartoffelpüree servieren. Für besondere Anlässe kann man es mit etwas Trüffelbutter oder -öl verfeinern. «

Bewertung

Das Rinderfilet finde ich gut, auch wenn es auf einer Seite etwas mehr Hitze bekommen hat. Auch die Sauce ist lecker.

Ralf Zacherl

Zutaten für 2 Personen:

2 Scheiben Rinderfilet (à 200 g; küchenfertig) ● Salz ● Pfeffer aus der Mühle ● 2 Scheiben Frühstücksspeck ● 50 g Butterschmalz
1 Schalotte ● 1 EL Mehl ● 100 ml Rinderfond ● 100 g Sahne
2 EL Pommery-Senf (ersatzweise grobkörniger Senf) ● Zucker
1 TL Puderzucker ● 3 EL Aceto balsamico ● 1 EL Instant-Rinderbrühe
3 EL Olivenöl ● 1 cm Ingwer ● 1 Zweig Thymian ● 1 Knoblauchzehe
1 Streifen unbehandelte Orangenschale ● 200 g gemischter Salat (Lollo rosso, Lollo biondo, Feldsalat) ● 1/2 Bund Schnittlauch
2 Stiele Petersilie

Zubereitung:

1 Den Backofen auf 100 °C (Umluft) vorheizen. Ein Ofengitter auf die mittlere Schiene und darunter ein Abtropfblech schieben. Die Filetscheiben waschen, trocken tupfen und mit Salz und Pfeffer würzen. Mit dem Speck umwickeln und mit Küchengarn festbinden. Das Butterschmalz in einer Pfanne erhitzen und das Fleisch darin auf beiden Seiten 3 Minuten scharf anbraten. Dann das Fleisch aus der Pfanne nehmen und im Ofen auf dem Ofengitter 15 Minuten garen.

2 Die Schalotte schälen, in kleine Würfel schneiden und in der Pfanne im Bratensatz andünsten. Mit dem Mehl bestäuben und kurz anbraten. Mit dem Fond und der Sahne ablöschen und 5 Minuten köcheln lassen. Den Senf unterrühren und die Sauce mit 1 Prise Zucker abschmecken.

3 Den Puderzucker in einer Pfanne karamellisieren, mit dem Essig ablöschen und vom Herd nehmen. Brühpulver und Olivenöl unterrühren und das Dressing mit Salz und Pfeffer abschmecken. Den Ingwer schälen und in Scheiben schneiden. Den Thymian waschen und trocken schütteln. Den Knoblauch schälen und andrücken. Orangenschale, Ingwer, Thymian und Knoblauch zum Dressing geben, 5 Minuten darin ziehen lassen und wieder entfernen.

4 Die Salate putzen, waschen, trocken schleudern und in mundgerechte Stücke zupfen. Die Kräuter waschen, trocken schütteln und in feine Röllchen schneiden bzw. die Blätter abzupfen und fein hacken. Den Salat mit Kräutern und Dressing mischen. Die Filets auf Tellern anrichten, mit der Senfsauce beträufeln und mit dem Salat servieren.

Hirschfilet mit Weinsauce und Spitzkohlküchlein

von Peter Stoppa

Profi-Tipp

von *Johann Lafer*

>> Für mich ist Portwein als Aromageber ein Muss in der feinen Küche – und zwar sowohl für süße als auch für herzhafte Kreationen. Der berühmte Dessertwein darf lediglich im nordportugiesischen Duoro-Tal angebaut werden und ist durch ein Gütesiegel geschützt. Ähnlich wie beim Balsamessig hat man die Möglichkeit, für dunkle oder helle Gerichte entweder roten oder weißen Portwein zu verwenden. <<

Bewertung

Die Portweinsauce schmeckt nicht schlecht, auch die Spitzkohlküchlein sind sehr gut. Das Fleisch ist nicht ganz durchgebraten. Aber insgesamt sehr gut.

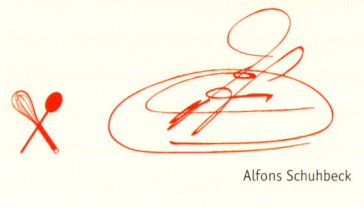

Alfons Schuhbeck

Zutaten für 2 Personen:

4 Spitzkohlblätter • 2 kleine Sellerieknollen • 1 Möhre • 1 Zucchino 150 g Sahne • 250 ml Gemüsebrühe • Salz • Pfeffer aus der Mühle 1 Schalotte • 4 EL Butter • 200 ml Wildfond • 50 ml trockener Rotwein • 50 ml roter Portwein • 1 EL Preiselbeeren (aus dem Glas) 100 g Crème double • 2 EL kalte Butter • 1 Eiweiß • 100 ml Milch 300 g Hirschfilet (küchenfertig) • 2 EL gehackte gemischte Kräuter (Thymian, Rosmarin, Kerbel, Petersilie)

Zubereitung:

1 Backofen auf 120 °C vorheizen. Die Spitzkohlblätter waschen und in kochendem Wasser kurz blanchieren. Mit dem Schaumlöffel herausheben, abtropfen lassen und 2 Tassen mit je 1 Kohlblatt auslegen.

2 Eine Sellerieknolle und die Möhre putzen und schälen, den Zucchino waschen. Das Gemüse in kleine Würfel schneiden, die restlichen beiden Kohlblätter in feine Streifen schneiden. In einem Topf 50 g Sahne mit der Brühe erhitzen. Möhre, Sellerie, Zucchino und Kohl nacheinander dazugeben und etwa 10 Minuten weich garen. Mit Salz und Pfeffer würzen und in die mit Kohl ausgelegten Tassen füllen. Das Gemüse in den Tassen im Ofen auf der mittleren Schiene 5 Minuten garen. Herausnehmen, die Backofentemperatur auf 160 °C erhöhen.

3 Die Schalotte schälen und in kleine Würfel schneiden. In einem Topf 2 EL Butter erhitzen und die Schalottenwürfel darin andünsten. Fond, Rotwein und Portwein dazugießen. Mit Pfeffer würzen, die Preiselbeeren dazugeben und die Sauce auf zwei Drittel einköcheln lassen. Crème double untermischen und die Sauce mit Salz und Pfeffer abschmecken. Die kalte Butter mit dem Stabmixer untermixen.

4 Das Eiweiß steif schlagen. Den restlichen Sellerie putzen, schälen und in kleine Stücke schneiden. Die Selleriestücke in einem Topf in der übrigen Sahne und der Milch weich kochen. Zu einem Püree verrühren, den Eischnee unterziehen. Mit Salz und Pfeffer würzen.

5 Das Hirschfilet waschen, trocken tupfen und in einer Pfanne in 2 EL Butter auf beiden Seiten je 2 Minuten scharf anbraten. Das Fleisch aus der Pfanne nehmen und in den Kräutern wenden. Im Ofen auf der mittleren Schiene 10 Minuten gar ziehen lassen. Die Hirschfilets mit den Spitzkohlküchlein, dem Selleriepüree und der Sauce servieren.

Rheinisches Winterallerlei
mit Glühwein und Amarettini
von Klaus Kirschner

Zutaten für 2 Personen:

1 kleine Mango • 1 Nashi-Birne • 2 Orangen • 1 EL Puderzucker
4 cl Cointreau (franz. Orangenlikör) • 1 Vanilleschote • 3 Eigelb
50 g Zucker • 80 ml Glühwein • 2 cl Amaretto (ital. Mandellikör)
200 g Sahne • 4 Lebkuchenherzen (mit Zartbitterschokoladen-
glasur) • 8 Amarettini (ital. Mandelmakronen) • einige Zartbitter-
schokoladenraspel und Minzeblätter für die Deko

Zubereitung:

1 Die Mango schälen, das Fruchtfleisch zunächst in breiten Spalten
vom Stein und dann in kleine Stücke schneiden. Die Birne waschen,
halbieren und das Kerngehäuse entfernen, das Fruchtfleisch ebenfalls in kleine Stücke schneiden. 1 Orange so großzügig schälen,
dass auch die weiße Haut mit entfernt wird. Die Fruchtfilets aus den
Trennhäuten schneiden, dabei den Saft auffangen. Die zweite
Orange auspressen.

2 Den Puderzucker in einer Pfanne karamellisieren. Die Mango- und
Birnenstücke und die Orangenfilets hinzufügen und kurz darin andünsten. Mit dem Orangensaft ablöschen und auf die Hälfte einköcheln lassen. Den Cointreau hinzufügen, die Früchte flambieren
und die Pfanne vom Herd nehmen.

3 Die Vanilleschote der Länge nach aufschneiden und das Mark herauskratzen. Die Eigelbe mit dem Zucker, dem Glühwein, dem Amaretto und dem Vanillemark in einer Metallschüssel im heißen Wasserbad schaumig schlagen. Aus dem Wasserbad nehmen und den
Glühweinschaum im eiskalten Wasserbad kalt schlagen.

4 Die Sahne steif schlagen und nach und nach vorsichtig unter den
Glühweinschaum heben. Die Lebkuchenherzen und die Amarettini
klein schneiden bzw. grob zerbröseln und auf Dessertgläser verteilen. Die Fruchtmischung daraufgeben und mit der Glühweincreme
bedecken. Mit Schokoladenraspeln und Minzeblättern garniert
servieren.

Profi-Tipp
von Johann Lafer

≫ Reife Mangos erkennen Sie
beim Einkauf daran, dass sie an-
genehm duften und ihr Fruchtfleisch auf leichten Daumendruck
nachgibt. Sollten einmal nur un-
reife Früchte im Angebot sein,
können Sie diese, in Zeitungs-
papier eingewickelt, 1 Woche bei
Raumtemperatur nachreifen lassen. Ich bevorzuge die kleine,
sehr aromatische Pattaya-Mango
aus Thailand. ≪

Bewertung

Ich wusste gar nicht, dass die
Rheinländer Amarettini backen
Hm, das schmeckt echt gut, das
ist schweinelecker. Mein abso-
luter Favorit.

Ralf Zacherl

Apfelküchlein mit Zimtsahne in Aprikosensauce

von Peter Stoppa

Profi-Tipp
von **Johann Lafer**

» Äpfel sind hierzulande die Obstsorte Nummer eins – da verwundert es nicht, dass die fruchtigen Favoriten auch in vielen Desserts die Hauptrolle spielen. Blätterteig und Apfel ist ein Thema, das man vielfältig variieren kann. Wichtig ist die Wahl der Sorte, denn nicht jeder Apfel ist gleich gut zum Kochen und Backen geeignet. Für dieses Rezept kann man sehr gut Cox Orange verwenden. Die Früchte sind feinwürzig und leicht säuerlich und zerfallen beim Backen nicht. «

Bewertung

Die Zimtsahne ist ein bisschen grisselig, schmeckt aber lecker. Die Kombination ist sehr gut.

Ralf Zacherl

Zutaten für 2 Personen:

1 Limette • 250 ml Apfelsaft • ca. 150 g Zucker • 2 Zitronen
2 cm Ingwer • 3 kleine Äpfel • 150 ml trockener Weißwein
1 cl Calvados (franz. Apfelbranntwein) • 2 Msp. Zimtpulver
1 Platte Tiefkühl-Blätterteig • Butter für die Form • 4 EL Aprikosenkonfitüre • 2 cl Aprikosenlikör • 100 g Sahne

Zubereitung:

1 Die Limette auspressen. Den Apfelsaft mit dem Limettensaft verrühren und nach Geschmack mit Zucker süßen. Die Saftmischung in der Eismaschine 15 Minuten gefrieren lassen. Oder die Mischung in einer flachen Metallschüssel im Tiefkühlfach einige Stunden gefrieren lassen, dabei häufiger mit einer Gabel durchrühren, damit das Sorbet schön cremig wird.

2 Die Zitronen auspressen. Den Ingwer schälen und fein reiben. Die Äpfel schälen, vierteln, die Kerngehäuse entfernen und das Fruchtfleisch in kleine Würfel schneiden. Die Apfelwürfel mit dem Zitronensaft, dem Ingwer, dem Wein, dem Calvados und 1 Msp. Zimt in einen Topf geben und bei mittlerer Hitze 10 Minuten weich dünsten.

3 Inzwischen den Blätterteig auf der Arbeitsfläche auftauen lassen. Den Backofen auf 180 °C vorheizen. Zwei Vertiefungen einer Muffinformen einfetten und die Apfelmischung darauf verteilen.

4 Aus dem Blätterteig mit einem Metallring oder einem passenden runden Ausstecher Kreise in der Größe der Muffinvertiefungen ausstechen und auf die Äpfel legen, sodass die Vertiefungen vollständig bedeckt sind. Die Küchlein im Ofen auf der mittleren Schiene 10 Minuten backen.

5 Die Aprikosenkonfitüre in einem kleinen Topf erwärmen und mit dem Aprikosenlikör abschmecken. Die Sahne mit dem restlichen Zimt steif schlagen.

6 Die Aprikosensauce auf Dessertteller verteilen. Die Apfelküchlein aus dem Ofen nehmen, vorsichtig aus der Muffinform stürzen und auf der Sauce anrichten. Mit je 1 Klecks Zimtsahne und 1 Nocke Apfel-Limetten-Sorbet servieren.

Penne mit Lammbolognese und Speck

Zubereitung:

1 Die Möhre putzen und schälen. Den Staudensellerie putzen und waschen. Beides in kleine Würfel schneiden. Schalotten und Knoblauch schälen und in kleine Würfel schneiden. Die Kräuter waschen, trocken tupfen, die Blätter bzw. Nadeln abzupfen und grob hacken.

2 Die Tomaten kreuzweise einritzen, überbrühen, kalt abschrecken, häuten, vierteln und entkernen. Das Tomatenfruchtfleisch in kleine Würfel schneiden.

3 Das Olivenöl in einer Pfanne erhitzen und das Lammhackfleisch darin anbraten. Möhren-, Sellerie-, Schalotten- und Knoblauchwürfel dazugeben und einige Minuten mitbraten. Das Tomatenmark unterrühren und kurz anrösten. Den Speck ebenfalls in kleine Würfel schneiden, hinzufügen und kurz mitbraten. Die Tomatenwürfel unter das Fleisch rühren.

4 Dann den Wein und den Fond dazugießen, die Kräuter hinzufügen und die Sauce offen sämig einköcheln lassen. Mit Salz, Pfeffer und Chili würzen.

5 Inzwischen die Penne nach Packungsanweisung in reichlich kochendem Salzwasser bissfest garen.

6 Die Nudeln in ein Sieb abgießen, abtropfen lassen und mit etwas Olivenöl beträufeln. Die Penne mit Salz und Pfeffer würzen und mit der Lammbolognese anrichten. Den Parmesan in groben Spänen darüberhobeln und die Nudeln nach Belieben mit Kerbel oder Thymian garnieren.

Zutaten für 2 Personen:

1 kleine Möhre
1 Stange Staudensellerie
2 Schalotten
2 Knoblauchzehen
je 1/2 Zweig Thymian
und Rosmarin
2 Tomaten
2 EL Olivenöl
200 g Lammhackfleisch
1 EL Tomatenmark
50 g durchwachsener Speck
100 ml trockener Weißwein
300 ml Lammfond
Salz · Pfeffer aus der Mühle
Chili aus der Gewürzmühle
175 g Penne
Olivenöl zum Beträufeln
40 g Parmesan (am Stück)

Das Geheimnis dieses Rezepts

Dies ist eine raffiniertere Variante der berühmten Sauce bolognese mit gemischtem Hackfleisch. Lammfleisch ist zwar nicht jedermanns Sache – aber selbst Skeptiker sollten die Sauce unbedingt probieren, da das Röstgemüse, die typischen Mittelmeeraromen und der deftige Speck den Lammgeschmack harmonisch abmildern.

Kirschragout
mit Portweinsabayon

Zubereitung:

1 Die Sauerkirschen waschen und entsteinen. In einem Topf 2 EL Zucker hell karamellisieren und mit dem Rotwein ablöschen.

2 Den Kirschsaft dazugießen. Das Vanillemark, den Zimt und den Sternanis hinzufügen und den Sud bei mittlerer Hitze auf die Hälfte einkochen lassen.

3 Die Speisestärke mit wenig kaltem Wasser anrühren. Den Sud durch ein Sieb gießen, nochmals zum Kochen bringen und mit der Speisestärke binden. Die Zitrone halbieren und eine Hälfte auspressen. Den Sud mit etwas Zitronensaft und dem Kirschwasser abschmecken.

4 Die Sauerkirschen in den Sud geben, erneut aufkochen und dann etwas abkühlen lassen.

5 Für das Sabayon die restliche Zitronenhälfte auspressen. Die Eigelbe mit dem übrigen Zucker und dem Zitronensaft in einer Metallschüssel verrühren, bis sich der Zucker aufgelöst hat. Dann die Schüssel in das heiße Wasserbad stellen und das Sabayon schaumig aufschlagen, dabei nach und nach den Portwein dazugießen. Das Kirschragout mit dem Sabayon auf Gläser verteilen und servieren.

Zutaten für 2 Personen:

200 g Sauerkirschen
60 g Zucker
50 ml trockener Rotwein
125 ml Kirschsaft
Mark von 1/2 Tahiti-Vanille-schote
1/2 Zimtstange
1 Sternanis
1/2 EL Speisestärke
1 Zitrone
1 EL Kirschwasser
2 Eigelb
75 ml roter Portwein

Das Geheimnis dieses Rezepts

Das Schlagen von Cremes im Wasserbad ist leichter, als viele denken. Es kann nichts schiefgehen, wenn Sie darauf achten, dass das heiße Wasser die eingehängte Metallschüssel nicht berührt. Sonst stockt das Eigelb zu schnell, und es kommt zu wenig Luft unter die Masse. Außerdem darf das Wasser nur leicht perlen, auf keinen Fall sprudelnd kochen. Wer das Sabayon lieber kalt genießt, stellt die Schüssel auf Eiswürfel und schlägt die Creme so lange, bis sie abgekühlt ist.

Schwarzwurzelsuppe
mit knuspriger Riesengarnele

von Henrik Himpe

Zutaten für 2 Personen:

**300 g Schwarzwurzeln ● 1 Schalotte ● 1 Knoblauchzehe
2 1/2 EL Butter ● 600 ml Geflügelfond ● 225 g Sahne ● Meersalz
Pfeffer aus der Mühle ● 2 Riesengarnelen ● 20 g Pistazienkerne
2 Eier ● 2 1/2 EL Mehl ● 2 1/2 EL Paniermehl ● ca. 200 ml Öl zum
Frittieren**

Zubereitung:

1 Die Schwarzwurzeln unter fließendem kaltem Wasser gründlich
bürsten, schälen und klein schneiden. Die Schalotte schälen und
in kleine Würfel schneiden. Den Knoblauch schälen und leicht
andrücken. Die Butter in einem Topf erhitzen, die Schalotte und
den Knoblauch darin andünsten. Die Schwarzwurzelstücke dazugeben und etwa 3 Minuten mitdünsten.

2 Den Fond hinzufügen und auf zwei Drittel einkochen lassen. Dann
175 g Sahne dazugießen und das Gemüse 20 Minuten weich köcheln
lassen. Die Schwarzwurzeln mit dem Stabmixer pürieren und die
Suppe durch ein Sieb streichen, mit Meersalz und Pfeffer abschmecken. Die restliche Sahne steif schlagen und 1 EL unter die Schwarzwurzelsuppe rühren. Die Suppe kurz vor dem Servieren mit dem
Stabmixer aufschäumen.

3 Die Garnelen schälen, am Rücken entlang einschneiden und den
dunklen Darm entfernen. Die Garnelen waschen und trocken tupfen.

4 Die Pistazien im Küchenmixer zerkleinern. Die Eier in einer Schüssel
verquirlen und 1 EL geschlagene Sahne unterheben. Das Mehl und
das Paniermehl jeweils auf Teller verteilen.

5 Die Garnelen zuerst im Mehl wenden und anschließend durch die
verquirlten Eier ziehen. Dann im Paniermehl wenden, erneut durch
die Eimasse ziehen und zum Schluss in den Pistazien wenden.

6 Das Öl in einem hohen Topf erhitzen. Die Garnelen darin knusprig
frittieren und auf Küchenpapier abtropfen lassen. Zum Servieren
die Schwarzwurzelsuppe in hohe Gläser füllen und die Garnelen jeweils schräg auf die Gläser legen.

Profi-Tipp

von *Alfons Schuhbeck*

»» Unter Schaumsuppen schlage
ich zuletzt mit dem Stabmixer
gern noch kalte Butterstücke. Das
ist ein bewährter Trick, um die
Suppe zu binden und sie gleichzeitig auch geschmacklich zu verfeinern. Wenn Sie die Schwarzwurzelsuppe noch etwas sämiger
möchten, mixen Sie einfach 50 g
gegarte Kartoffelwürfel unter. ««

Bewertung

Das ist ein tolle Suppe. Im Win-
ter eine der besten, die man
machen kann, weil das Produkt
einfach toll ist. Hm, die ist richtig lecker!

Ralf Zacherl

Orangen-Möhren-Suppe mit Kumquatscheiben

von Heidi Richter

Zutaten für 2 Personen:

200 g Möhren • 1 kleine Zwiebel • 2 Orangen (davon 1 unbehandelt)
1–2 EL Butter • 250 ml Geflügelfond • Salz • Pfeffer aus der Mühle
Cayennepfeffer • frisch geriebene Muskatnuss • 3 EL Crème fraîche
2 Kumquats

Zubereitung:

1 Die Möhren putzen, schälen und in dünne Scheiben schneiden. Die Zwiebel schälen und in kleine Würfel schneiden. Die unbehandelte Orange heiß waschen, trocken reiben und die Schale mit dem Zestenreißer in feinen Streifen abziehen. Beide Orangen auspressen.

2 Die Butter in einem Topf erhitzen und die Zwiebelwürfel darin andünsten. Die Möhrenscheiben und die Orangenzesten hinzufügen und 10 Minuten mitdünsten. Dann den Fond dazugießen und 8 Minuten köcheln lassen.

3 Die Suppe mit dem Stabmixer pürieren. Den Orangensaft dazugießen und die Möhrensuppe mit Salz, Pfeffer, je 1 Prise Cayennepfeffer und Muskatnuss abschmecken. Die Crème fraîche unterrühren und die Suppe nochmals erhitzen.

4 Die Kumquats waschen, trocken tupfen und in dünne Scheiben schneiden. Die Suppe in tiefen Tellern anrichten und mit den Kumquatscheiben garniert servieren.

Profi-Tipp
von Alfons Schuhbeck

» Die Kumquats sind ein sehr dekorativer und origineller Hingucker. Besonders fein schmecken sie, wenn man sie in etwas Puderzucker karamellisiert, mit Orangensaft ablöscht und ein kleines Stück Butter hinzufügt. Zusätzlich kann die Suppe mit Zimtcroûtons angerichtet werden: in Butter gebratene Toastbrotwürfel, über die man zum Schluss etwas Zimtrinde reibt. «

Bewertung

Die Suppe hat eine sehr schöne Schärfe. Von der Konsistenz ist sie allerdings ein bisschen krümelig.

Ralf Zacherl

Vanillierter Loup de Mer mit Flusskrebsrisotto

von Henrik Himpe

Zutaten für 2 Personen:

1 Schalotte • 1 Knoblauchzehe • 2 EL Olivenöl • 3 EL Butter
80 g Risottoreis (z. B. Vialone) • 50 ml trockener Weißwein
450 ml Fischfond • 100 g Flusskrebsschwänze (vorgegart; in Lake)
50 g Sahne • 30 g Parmesan (am Stück) • Meersalz • Pfeffer aus der Mühle • 2 Loup-de-Mer-Filets (mit Haut; küchenfertig)
1 Vanilleschote • 60 g kalte Butter • 1 Döschen Safranfäden (0,1 g)

Zubereitung:

1 Die Schalotte schälen und in kleine Würfel schneiden. Den Knoblauch schälen und andrücken. Das Olivenöl und 1 EL Butter in einem Topf erhitzen, die Schalotte und den Knoblauch darin andünsten. Den Risottoreis dazugeben und glasig dünsten. Mit dem Wein ablöschen und vollständig einkochen lassen.

2 Von dem Fond 300 ml abmessen und in einem weiteren Topf erhitzen. Einen Schöpflöffel Fond zum Risotto geben und unter Rühren einkochen lassen. So weiterverfahren, bis der Fond aufgebraucht ist. Dabei immer wieder rühren, bis der Risotto cremig ist (das dauert etwa 15 Minuten).

3 Die Flusskrebsschwänze abtropfen lassen und in 1 cm große Stücke schneiden. Die Sahne steif schlagen. Den Parmesan fein reiben. Den Knoblauch aus dem Risotto entfernen. 1 EL geschlagene Sahne, 1 EL Butter, den Parmesan und die Flusskrebsschwänze zum Risotto geben, unterrühren und mit Meersalz und Pfeffer würzen.

4 Die Fischfilets waschen, trocken tupfen und die Haut mit einem Messer schräg einritzen. Die restliche Butter in einer Pfanne erhitzen, den Fisch darin auf der Hautseite kross anbraten und dann wenden. Die Vanilleschote der Länge nach aufschneiden, das Mark herauskratzen und zum Fisch geben. Die Fischfilets mit Meersalz würzen.

5 Den restlichen Fischfond in einem Topf erhitzen und auf die Hälfte einkochen lassen. Die kalte Butter in kleine Würfel schneiden. Die Safranfäden, die restliche geschlagene Sahne und die kalte Butter zum Fischfond geben, mit dem Stabmixer aufschäumen und mit Salz und Pfeffer abschmecken. Den Risotto auf Tellern anrichten. Die Fischfilets darauflegen und mit der Sauce servieren.

Thunfischsteak
mit Erbsenpüree und Vanillesauce

von Heidi Richter

Zutaten für 2 Personen:

½ unbehandelte Zitrone ● ½ Vanilleschote ● 12 Garnelenschalen 4 EL Olivenöl ● 1 EL Hummerpaste (aus dem Feinkostladen) ● Zucker 100 ml weißer Portwein ● 250 ml Hummerfond ● 100 g Sahne ● Salz Pfeffer aus der Mühle ● 300 g Erbsen (tiefgekühlt) ● 100 ml Gemüsebrühe ● frisch geriebene Muskatnuss ● 2 Thunfischsteaks (küchenfertig)

Zubereitung:

1 Die Zitrone heiß waschen, trocken reiben und die Schale fein abreiben. Die Vanilleschote der Länge nach aufschneiden und das Mark herauskratzen.

2 Die Garnelenschalen waschen und abtropfen lassen. In einem Topf 2 EL Olivenöl erhitzen und die Garnelenschalen darin anrösten. Die Hummerpaste, das Vanillemark und 1 Prise Zucker hinzufügen, unterrühren und mit dem Portwein ablöschen. Die Flüssigkeit auf zwei Drittel einkochen lassen.

3 Den Fond und die Sahne dazugießen, kurz aufkochen lassen und alles durch ein Sieb streichen. Die Sauce mit Salz, Pfeffer und etwas abgeriebener Zitronenschale würzen.

4 Die Erbsen unaufgetaut in reichlich kochendem Salzwasser 3 bis 5 Minuten garen. In ein Sieb abgießen, kalt abschrecken und abtropfen lassen. Die Brühe erhitzen.

5 Die Erbsen mit der Brühe im Küchenmixer oder mit dem Stabmixer fein pürieren und mit Salz, Pfeffer, der restlichen Zitronenschale sowie je 1 Prise Muskatnuss und Zucker abschmecken.

6 Die Thunfischsteaks waschen, trocken tupfen, mit Salz und Pfeffer würzen. Das restliche Olivenöl in einer Pfanne erhitzen und die Steaks darin auf beiden Seiten jeweils 1 Minute scharf anbraten.

7 Die Thunfischsteaks mit dem Erbsenpüree auf Tellern anrichten und mit der Vanillesauce beträufeln.

Dorade auf Couscous
mit weißem Balsamicoglacé

von Henrik Himpe

Zutaten für 2 Personen:

50 g Instant-Couscous • Olivenöl • 1 EL Pinienkerne • Ras-el-Hanout (marokk. Gewürzmischung) • Baharat (arab. Gewürzmischung) 3 EL Arganöl • Salz • 2 Doradenfilets (küchenfertig; mit Haut) 3 EL Butter • 1 EL Wildblütenhonig • 1 EL getrocknete Jasminblüten (aus der Apotheke) • Meersalz • 3 EL kalte Butter • 50 ml Balsamico bianco • 1 EL Rosenwasser (aus der Apotheke) • 50 ml Fischfond

Zubereitung:

1 Den Couscous in ein feines Sieb geben, mit kaltem Wasser abbrausen und abtropfen lassen. Reichlich Olivenöl in einer Pfanne erhitzen, der Boden sollte gut bedeckt sein. Den Couscous hinzufügen und bei schwacher Hitze 10 Minuten ziehen lassen. Die Pinienkerne dazugeben und den Couscous mit Ras-el-Hanout, Baharat, Arganöl und Salz abschmecken.

2 Die Doradenfilets waschen und trocken tupfen. In einer Pfanne 2 EL Butter erhitzen und die Fischfilets darin auf der Hautseite kross anbraten. Dann wenden und auf der Fleischseite etwa 20 Sekunden ziehen lassen. Die restliche Butter hinzufügen und den Fisch mit Honig beträufeln. Die Jasminblüten mit den Fingern zerbröseln und über den Fisch streuen. Mit Meersalz würzen.

3 Die kalte Butter in kleine Würfel schneiden. Den Essig und das Rosenwasser in einem kleinen Topf erhitzen und auf die Hälfte einkochen lassen. Die Butterwürfel dazugeben und mit dem Stabmixer aufschäumen. Mit Fond abschmecken.

4 Die Doradenfilets mit dem Couscous und dem Balsamicoglacé auf Tellern anrichten.

Profi-Tipp

von Alfons Schuhbeck

》 Mir gefällt an diesem Gericht ganz besonders die Kombination der ausgefallenen orientalischen Aromen. Da ist es nur logisch, dass auch ein besonderes Öl verwendet wird. Auch ich benutze gern Arganöl, das als das »flüssige Wunder Marokkos« gilt und das man dort seit Jahrhunderten nicht nur in der Küche, sondern auch als Heilmittel einsetzt. Das Arganöl hat einen hohen Anteil an gesunden, ungesättigten Fettsäuren und enthält außerdem viel Vitamin E. 《

Bewertung

Oha, der Fisch ist schön glasig, richtig gut! Der Couscous könnte noch saftiger sein.

Steffen Henssler

Rosa Lammlachs auf Zucchinigemüse

von Heidi Richter

Bewertung

Super angerichtet, das Fleisch ist wirklich richtig gut!

Steffen Henssler

Zutaten für 2 Personen:

3 Zweige Thymian • 2 Knoblauchzehen • 60 g grüne Oliven (ohne Stein; mit Paprikafüllung) • 60 g schwarze Oliven (ohne Stein) 1 TL Honig • Olivenöl • 1 EL Aceto balsamico • Salz • Pfeffer aus der Mühle • 2 Lammlachse (Lammfilet; küchenfertig) • 200 g Zucchini

Zubereitung:

1 Den Backofen auf 100 °C (Umluft) vorheizen. Das Ofengitter auf die mittlere Schiene und darunter ein Abtropfblech schieben.

2 Den Thymian waschen und trocken schütteln, die Blätter abzupfen und fein hacken. Den Knoblauch schälen und in kleine Würfel schneiden. Beide Olivensorten abtropfen lassen und in Scheiben schneiden. Alles in einem hohen Rührbecher mit dem Honig, 2 EL Olivenöl und dem Essig mischen und mit Salz und Pfeffer würzen. Die Olivenmischung mit dem Stabmixer zu einer cremigen Paste pürieren.

3 Die Lammlachse waschen und trocken tupfen. Etwas Olivenöl in einer ofenfesten Pfanne erhitzen und das Fleisch darin rundum jeweils 2 Minuten scharf anbraten. Dann im Ofen auf dem Ofengitter 10 Minuten gar ziehen lassen.

4 Die Zucchini putzen, waschen und in Scheiben schneiden. Etwas Olivenöl in einer Pfanne erhitzen und die Zucchinischeiben darin 5 Minuten bissfest braten. Etwas Olivenpaste unterrühren und das Zucchinigemüse mit Salz und Pfeffer abschmecken.

5 Die Lammlachse aus dem Ofen nehmen und in Scheiben schneiden. Das Fleisch auf dem Zucchinigemüse anrichten. Mit der restlichen Olivenpaste und nach Belieben mit einigen ganzen Oliven servieren.

Hirschrücken
in Spekulatiuskruste

von Henrik Himpe

Zutaten für 2 Personen:

250 g Hirschkalbsrücken (küchenfertig) ● 150 g weiche Butter ● 50 g Gewürzspekulatius ● Salz ● Pfeffer aus der Mühle ● 2 reife Birnen ● 1 EL brauner Zucker ● 1 EL Birnenschnaps ● 150 ml Orangensaft ● 1 Zimtstange ● 1 Sternanis ● 2 Gewürznelken ● 1 TL Speisestärke ● 50 ml weißer Portwein

Zubereitung:

1 Den Backofen auf 160 °C (Umluft) vorheizen. Das Ofengitter auf die mittlere Schiene und darunter ein Abtropfblech schieben.

2 Den Hirschrücken waschen und trocken tupfen. In einer Pfanne 2 EL Butter erhitzen und das Fleisch darin rundum kurz anbraten. Im Ofen auf dem Ofengitter etwa 10 Minuten ziehen lassen.

3 Die Spekulatius im Küchenmixer zerbröseln und mit der restlichen weichen Butter mischen. Die Bröselmasse mit Salz und Pfeffer würzen und zwischen zwei Lagen Frischhaltefolie zu einer Platte ausrollen. Die Bröselmasse im Tiefkühlfach anfrieren lassen.

4 Die Birnen schälen, halbieren und die Kerngehäuse entfernen, das Fruchtfleisch in grobe Würfel schneiden. Den Zucker in einer Pfanne karamellisieren und mit dem Birnenschnaps und dem Orangensaft ablösen. Den Zimt, den Sternanis und die Nelken hinzufügen und die Birnenwürfel in dem Gewürzfond 10 Minuten köcheln lassen.

5 Anschließend die Birnenwürfel aus dem Fond nehmen. Die Speisestärke mit etwas kaltem Wasser glatt rühren. Den Portwein zum Fond geben, einmal aufkochen lassen und die Speisestärke unterrühren. Die Sauce durch ein Sieb streichen.

6 Das Fleisch aus dem Ofen nehmen und den Backofengrill einschalten. Von der angefrorenen Bröselmasse die Folie abziehen und die Masse auf den Hirschrücken legen. Den Hirschrücken unter dem Grill 3 bis 5 Minuten goldbraun überbacken.

7 Das Fleisch in Scheiben schneiden und mit den Birnenwürfeln auf Tellern anrichten. Mit dem Portweinjus servieren.

Schweinefilet mit Apfelragout

von Heidi Richter

Profi-Tipp
von Alfons Schuhbeck

»» Zu den Küchenirrtümern gehört es, Nudeln nach dem Kochen kalt abzuschrecken. Tun Sie dies bitte auf gar keinen Fall! Mit dem Wasser spült man den »Kleber« ab, der die Nudeln mit der Sauce verbindet. Nudeln können Sie übrigens prima vorbereiten: Die Nudeln sehr bissfest (einige Minuten kürzer, als auf der Packung angegeben) garen, nach dem Abgießen auf einem Blech verteilen, mit Olivenöl beträufeln und vermischen. Bei Bedarf in Gemüsebrühe oder Sauce erhitzen. ««

Zutaten für 2 Personen:

400 g Schweinefilet (küchenfertig) ● Salz ● Pfeffer aus der Mühle 1–2 EL Mehl ● 1 Knoblauchzehe ● 4 EL Olivenöl ● 300 g Bandnudeln 1 grüner Apfel (z. B. Granny Smith) ● 2 EL Zitronensaft ● 2 Schalotten ● 2 EL Butter ● 2 EL Zucker ● 5 EL Calvados (franz. Apfelbranntwein) ● 100 ml Hühnerbrühe ● 150 g Sahne ● 3 Zweige Majoran

Zubereitung:

1 Den Backofen auf 160 °C (Umluft) vorheizen. Das Schweinefilet waschen, trocken tupfen und in 4 Medaillons schneiden. Mit Salz und Pfeffer würzen. Das Mehl auf einen flachen Teller geben und die Schweinemedaillons darin wenden.

2 Den Knoblauch schälen und leicht andrücken. Das Olivenöl in einer Pfanne erhitzen und den Knoblauch dazugeben. Die Medaillons darin auf beiden Seiten jeweils 1 Minute scharf anbraten, dann auf ein Backblech legen und mit dem Knoblauchöl beträufeln. Im Ofen auf der mittleren Schiene 8 Minuten garen.

3 Die Nudeln nach Packungsanweisung in reichlich kochendem Salzwasser bissfest garen. Den Apfel schälen, achteln und das Kerngehäuse entfernen. Die Apfelspalten mit dem Zitronensaft beträufeln.

4 Die Schalotten schälen und in kleine Würfel schneiden. Die Butter in einer Pfanne erhitzen, die Schalottenwürfel und die Apfelspalten darin bei mittlerer Hitze 2 Minuten andünsten. Mit Zucker bestreuen und karamellisieren. Mit dem Calvados ablöschen, die Brühe und die Sahne dazugießen. Apfelspalten in der Sauce 4 Minuten garen.

5 Den Majoran waschen, trocken schütteln und die Blätter abzupfen. Einige Blätter für die Deko beiseitelegen, den Rest unter die Sauce rühren.

6 Die Nudeln in ein Sieb abgießen, abtropfen lassen und auf Teller verteilen. Die Schweinemedaillons mit dem Apfelragout auf den Nudeln anrichten. Mit Sauce beträufeln und mit den Majoranblättern garniert servieren.

Bewertung

Jetzt wird's richtig klassisch, ein paar Nüdelchen sind auch dabei. Habt ihr das Fleisch mehliert? Mir schmeckt's jedenfalls.

Alexander Herrmann

Apfel-Birnen-Sahne
mit Joghurt und Schokolade

von Heidi Richter

Zutaten für 2 Personen:

75 g Naturjoghurt • 1 EL Honig • 1 TL Zitronensaft • 1 süßer Apfel (125 g; z.B. Idared) • 1 Birne (125 g) • 125 g Sahne • 1 EL Zucker 50 g Zartbitterschokolade

Zubereitung:

1 Den Joghurt in eine Schüssel geben, den Honig und den Zitronensaft mit dem Schneebesen unterrühren. Den Apfel und die Birne schälen, vierteln und die Kerngehäuse entfernen. Das Fruchtfleisch in Würfel schneiden. In einen hohen Rührbecher geben und mit dem Stabmixer pürieren. Das Fruchtpüree unter den Joghurt rühren.

2 Die Sahne mit den Quirlen des Handrührgeräts steif schlagen, dabei den Zucker einrieseln lassen. Die Sahne vorsichtig unter den Fruchtjoghurt heben.

3 Die Schokolade raspeln. Die Hälfte der Joghurtcreme auf Schälchen verteilen und mit einigen Schokoladenraspeln bestreuen. Die restliche Joghurtcreme darübergeben und erneut mit Schokolade bestreuen. Die Apfel-Birnen-Sahne sofort servieren.

Profi-Tipp
von Alfons Schuhbeck

>> Spontan würde ich diese Creme noch mit etwas Zimtpulver und einem Schuss Calvados verfeinern. Sehr gut passen auch zerbröselte Amaretti oder selbst gemachte Mandelstreusel: Dafür einfach 65 g Mehl mit je 50 g Zucker und flüssiger Butter mit dem Mark von einer 1/2 Vanilleschote und etwas Salz und Zimtpulver mit den Händen krümelig reiben. 50 g Mandelsplitter untermischen und im Ofen bei 180 °C 20 Minuten backen. <<

Bewertung

Ja, interessant. Obwohl ich sagen muss, dass dieses Dessert gegenüber den anderen ein wenig abfällt. Aber super, wenn es mal schnell gehen soll.

Steffen Henssler

Prosecco-Süppchen mit Kartäuserklößen

von Henrik Himpe

Zutaten für 2 Personen:

2 Brötchen (vom Vortag) ● 1 Vanilleschote ● 100 ml Milch 100 g Sahne ● 2 Eier ● 50 g Zucker ● Öl oder Butterschmalz zum Frittieren ● 50 g Paniermehl ● 50 g Brombeeren (ersatzweise Heidelbeeren) ● 250 g Quittengelee ● 350 ml eiskalter Prosecco 1 Handvoll Crushed Ice ● 50 g Physalis ● 2 Stiele Minze

Zubereitung:

1 Die Brötchen längs halbieren. Die Vanilleschote der Länge nach aufschneiden und das Mark herauskratzen. Die Milch und die Sahne in einer Schüssel mit den Eiern, dem Zucker und dem Vanillemark verquirlen. Die Brötchenhälften darin einweichen.

2 Zum Frittieren reichlich Fett in einem Topf erhitzen. Die Brötchen herausnehmen, leicht ausdrücken und zu länglichen oder runden Klößen formen. Im Paniermehl wenden und im heißen Fett kross ausbacken. Die Klöße mit dem Schaumlöffel herausheben und auf Küchenpapier abtropfen lassen.

3 Die Brombeeren kalt abbrausen und trocken tupfen. Das Quittengelee in einer Schüssel mit dem eiskalten Prosecco verrühren und das Crushed Ice hinzufügen. Die Physalis aus den Hülsenblättern lösen, waschen, trocken tupfen und halbieren. Die Minze waschen, trocken schütteln und die Blätter abzupfen. Die Hälfte der Minzeblätter für die Deko beiseitelegen, die andere Hälfte in feine Streifen schneiden.

4 Die Brombeeren, die Physalis und die Minzestreifen auf tiefe Teller verteilen, die Suppe angießen und die Kartäuserklöße hineinsetzen. Das Prosecco-Süppchen mit den restlichen Minzeblättern garnieren.

Kürbissuppe
mit Zimtcroûtons

Zutaten für 2 Personen:

300 g Muskatkürbis
375 ml Gemüsebrühe
75 g Sahne
1 EL mildes Currypulver
1 Vanilleschote
1 Knoblauchzehe (geschält)
1 Scheibe Ingwer
1 Stück Zimtrinde
20 g kalte Butter
Salz
1 1/2 EL Butter
1 Scheibe Toastbrot

Zubereitung:

1 Den Kürbis schälen, die Kerne mit einem Löffel entfernen und das Fruchtfleisch in etwa 1 cm große Würfel schneiden.

2 Die Brühe in einem Topf erhitzen und die Kürbiswürfel darin knapp unter dem Siedepunkt etwa 20 Minuten weich garen. Die Sahne mit dem Currypulver hinzufügen und alles mit dem Stabmixer pürieren.

3 Die Vanilleschote der Länge nach aufschneiden und das Mark herauskratzen. Das Vanillemark mit dem Knoblauch, dem Ingwer und 1 Splitter Zimt in die Suppe geben. Die Gewürze einige Minuten darin ziehen lassen.

4 Knoblauch, Ingwer und Zimt wieder entfernen. Die kalte Butter mit dem Stabmixer unterrühren und die Suppe damit binden. Die Kürbissuppe mit Salz und nach Belieben mit Currypulver abschmecken.

5 Die Butter in einer Pfanne erhitzen. Das Toastbrot entrinden, in 1 cm große Würfel schneiden und in der Butter bei schwacher Hitze goldbraun rösten. Auf Küchenpapier abtropfen lassen.

6 Die Croûtons erneut in einer beschichteten Pfanne ohne Fett erhitzen und etwas Zimtrinde darüberreiben. Die Kürbissuppe auf tiefe Teller oder Tassen verteilen und mit den Croûtons bestreuen.

Das Geheimnis dieses Rezepts

Gewürze sind wahre Zauberer – in diesem Fall geben sie einer simplen Kürbissuppe einen überraschend exotischen Touch. Der Trick ist denkbar einfach: Vanille, Zimt, Knoblauch und Ingwer lässt man einige Minuten in der Suppe ziehen und entfernt sie dann wieder. Das reicht aus, damit die Gewürze ihr wunderbares Aroma an die Suppe abgeben. Raffiniert abgerundet wird das Ganze durch die Croûtons: Damit der Zimt nicht bitter wird, gibt man ihn erst zuletzt über die fertig gebratenen Brotwürfel.

Zander auf Rahmspinat mit Bratkartoffeln

Zubereitung:

1 Die Kartoffeln waschen und in kochendem Salzwasser mit 1 Prise Kümmel etwa 20 Minuten garen. Abgießen, auskühlen lassen, pellen und halbieren. Den Backofen auf 60 °C vorheizen. Das Zanderfilet waschen, trocken tupfen und in 4 gleich große Stücke schneiden.

2 In einer Pfanne 1 EL Öl erhitzen und die Zanderfilets darin auf der Hautseite bei mittlerer Hitze 3 bis 4 Minuten kross anbraten. Die Filets wenden und die Pfanne vom Herd nehmen. Den Fisch in der Resthitze glasig durchziehen lassen. Auf Küchenpapier abtropfen lassen. Mit Salz und Pfeffer würzen und im Ofen warm halten.

3 Die Sahne auf ein Drittel einkochen lassen. Den Spinat verlesen, waschen und trocken schleudern, grobe Stiele entfernen. Ein Viertel des Spinats beiseitelegen, den Rest zur Sahne geben. Den Spinat 1 bis 2 Minuten darin dünsten, dann mit der Sahne im Küchenmixer fein pürieren. In einen kleinen Topf geben, die restlichen Spinatblätter hinzufügen und bei schwacher Hitze erwärmen. Den Spinat mit Salz, Muskatnuss und Cayennepfeffer würzen. Etwas Butter und die braune Butter unterrühren.

4 Das restliche Öl in einer Pfanne erhitzen und die Kartoffeln darin rundum goldbraun braten, salzen und etwas Butter hinzufügen. Mit Bratkartoffelgewürz würzen. Rahmspinat auf Tellern anrichten, die Zanderfilets daraufsetzen und mit den Kartoffeln servieren.

Zutaten für 2 Personen:

250 g kleine festkochende Kartoffeln · Salz
ganzer Kümmel
250 g Zanderfilet (küchenfertig; mit Haut)
2 EL Öl
Pfeffer aus der Mühle
100 g Sahne
350 g Blattspinat
frisch geriebene Muskatnuss
Cayennepfeffer
1 TL Butter
1 TL braune Butter (siehe Tipp S. 91)
1 Msp. Schuhbecks Bratkartoffelgewürz (ersatzweise je 1 Msp. gemahlener Kümmel und getrockneter Majoran)

Das Geheimnis dieses Rezepts

Die kross gebratene Haut des Zanders schmeckt nicht nur gut, sie schützt gleichzeitig das zarte Fischfleisch. Deshalb sollten Sie die Filets immer zuerst auf der Hautseite anbraten, damit das Fleisch nicht austrocknet. Die Fischfilets werden dann nur noch in der Pfanne gewendet und vom Herd genommen. In der Resthitze der Pfanne ziehen sie gar. Mit Salz und Pfeffer gewürzt wird der Fisch erst, wenn er fertig gebraten ist.

Möhrensuppe
mit Flusskrebsen

von Erich Hartl

Profi-Tipp
von *Horst Lichter*

» Diese Suppe ist nicht nur edel, sondern bekommt durch die Gewürze und die Kokosmilch einen asiatischen Touch. So wie hier können Sie bei vielen Cremesuppen die Sahne durch Kokosmilch ersetzen – obwohl ich Ihnen diesen Tipp nur schweren Herzens gebe. Für alle, die auf die schlanke Linie achten wollen, ist Kokosmilch eine prima Alternative, da sie weniger Fett enthält. Die Bemerkung, wie gut Ingwer und Knoblauch harmonieren und als Gesundbrunnen wirken, überlasse ich dem Kollegen Schuhbeck. «

Bewertung

Die Suppe hat eine sehr gute Konsistenz. Es fehlt vielleicht ein bisschen Salz. Und was eine Möhrensuppe für mich immer braucht, ist Muskatnuss.

Steffen Henssler

Zutaten für 2 Personen:

200 g Möhren • 1 Zwiebel • 1 Knoblauchzehe • ca. 2 cm Ingwer
1 rote Chilischote • 2 EL Butter • 200 ml Gemüsebrühe • 1 TL Korianderkörner • 200 ml Kokosmilch • Salz • Pfeffer aus der Mühle
ca. 10 Flusskrebsschwänze (gegart; in Lake) • 1 EL Olivenöl
50 ml Milch • 1 Stiel Koriander

Zubereitung:

1 Die Möhren putzen, schälen und in Stücke schneiden. Die Zwiebel und den Knoblauch schälen und in kleine Würfel schneiden. Den Ingwer schälen und klein schneiden. Die Chilischote waschen und trocken tupfen.

2 Die Butter in einer Pfanne erhitzen, die Möhren, die Zwiebel, den Knoblauch, den Ingwer und die Chilischote hineingeben und bei mittlerer Hitze unter Rühren andünsten. Die Brühe dazugießen und bei schwacher Hitze 10 Minuten köcheln lassen.

3 Die Korianderkörner in einer beschichteten Pfanne ohne Fett anrösten und im Mörser fein zerreiben. Die Chilischote aus der Brühe entfernen und die Suppe mit dem Stabmixer pürieren. Die Kokosmilch dazugeben und mit Salz, Pfeffer und dem frisch gemahlenen Koriander abschmecken. Die Suppe erneut erhitzen.

4 Die Flusskrebse abtropfen lassen und nach Belieben auf Zitronengrasstängel oder Holzspieße aufspießen. Das Olivenöl in einer Pfanne erhitzen und die Flusskrebsspieße darin auf beiden Seiten kurz braten.

5 Die Milch in einem Topf erwärmen und mit dem elektrischen Milchaufschäumer-Quirl aufschäumen. Den Koriander waschen, trocken schütteln und die Blätter abzupfen.

6 Die Suppe auf tiefe Teller oder Schalen verteilen und jeweils 1 Klecks aufgeschäumte Milch daraufgeben. Nach Belieben mit etwas Zimtpulver bestreuen und mit Korianderblättern garnieren. Die Flusskrebsspieße darüberlegen.

Rindercarpaccio mit Rucola und Parmesan

von Marina Noack

Bewertung

Das ist fast schon der Klassiker: Rinderfilet und Pilze. Die Pilze könnten kräftiger gewürzt sein, aber die Balsamicosauce macht das wieder wett. Und der Wachtelei-Tomaten-Spieß dazu ist eine ganz neue »Erfindung«.

Steffen Henssler

Zutaten für 2 Personen:

100 g Austernpilze ● 3 EL Olivenöl ● Salz ● Pfeffer aus der Mühle 2 Knoblauchzehen ● 1 rote Chilischote ● ca. 2 EL feiner Zucker 100 ml Aceto balsamico ● 1 EL Honig ● 4 Wachteleier ● 6 Cocktailtomaten ● 2 Scheiben Ciabatta ● 1 Fleischtomate ● 1 Bund Rucola 200 g Rinderfilet (küchenfertig; angefroren) ● 50 g Parmesan (am Stück)

Zubereitung:

1 Den Backofen auf 100 °C (Umluft) vorheizen. Die Austernpilze putzen und trocken abreiben. In einer Pfanne 2 EL Olivenöl erhitzen und die Pilze darin goldbraun braten. Mit Salz und Pfeffer würzen und im Ofen warm halten.

2 Eine Knoblauchzehe schälen und andrücken. Die Chilischote längs halbieren, entkernen und waschen. In einem Topf 1 EL Zucker karamellisieren und mit dem Essig ablöschen. Dann den Honig, den Knoblauch und die Chili dazugeben und die Balsamicosauce sirupartig einkochen lassen.

3 Die Wachteleier etwa 6 Minuten hart kochen. Die Eier abschrecken und pellen. Die Cocktailtomaten waschen. Wachteleier, Cocktailtomaten und Austernpilze abwechselnd auf Holzspieße stecken.

4 Das restliche Olivenöl in einer Pfanne erhitzen und die Ciabattascheiben darin anrösten. Die Fleischtomate waschen und auf der Gemüsereibe reiben. Den restlichen Knoblauch schälen und in kleine Würfel schneiden. Mit der geriebenen Tomate mischen und mit Salz und Pfeffer würzen. Die Ciabattascheiben aus der Pfanne nehmen und mit der Tomatenmasse bestreichen.

5 Den Rucola verlesen, waschen und trocken schütteln, grobe Stiele entfernen. Das Rinderfilet in hauchdünne Scheiben schneiden. Etwas Balsamicosauce auf Teller verteilen und die Scheiben darauf auslegen. Jeweils mit 2 Prisen Zucker bestreuen und mit dem Flambierbrenner karamellisieren.

6 Den Rucola auf dem Fleisch verteilen. Den Parmesan in Spänen darüberhobeln. Die Spieße darauf anrichten und alles mit der restlichen Balsamicosauce beträufeln. Das Ciabattabrot dazu servieren.

Knusperpute
mit Sellerie-Rahm-Püree

von Marina Noack

Profi-Tipp
von **Horst Lichter**

>> **Für meinen Geschmack ist hier viel zu wenig Butter am Kartoffelpüree. Die Butter macht das Püree schön cremig und gibt einen guten Geschmack. Wenn Sie nicht so auf Ihre Figur achten müssen, seien Sie großzügig und geben ein größeres Stück hinein. So wird auf jeden Fall der Butterberg abgebaut.** <<

Bewertung

Das Selleriepüree schmeckt lecker. Das Fleisch ist saftig und die Panade schön kross. Diesen Teller nehme ich mit.

Johann Lafer

Zutaten für 2 Personen:

2 Putenschnitzel (à 150 g; küchenfertig) ● Salz ● Pfeffer aus der Mühle ● Paprikapulver (rosenscharf) ● Cayennepfeffer ● 2 Eier 150 g Cornflakes ● 60 g Butterschmalz ● 1 kleine Sellerieknolle 400 g mehlig kochende Kartoffeln ● 200 g Baby-Möhren 60 g Butter ● 2 EL Honig ● 2 Stiele Petersilie ● 4 Knoblauchzehen ● 250 g Sahne ● frisch geriebene Muskatnuss

Zubereitung:

1 Den Backofen auf 100 °C vorheizen. Die Putenschnitzel waschen, trocken tupfen und mit Salz, Pfeffer, Paprika und Cayennepfeffer würzen. Die Eier in einem tiefen Teller verquirlen. Die Cornflakes auf einen flachen Teller geben. Die Putenschnitzel zuerst durch die Eier ziehen, dann in den Cornflakes wenden und gut andrücken.

2 Das Butterschmalz in einer Pfanne erhitzen und die panierten Schnitzel darin auf beiden Seiten goldbraun braten. Die Schnitzel im Ofen warm halten.

3 Den Sellerie putzen und schälen, die Kartoffeln schälen und waschen. Beides in kleine Würfel schneiden. Die Sellerie- und Kartoffelwürfel in einem Topf in kochendem Salzwasser etwa 10 Minuten garen. Die Möhren putzen und schälen. In einer Pfanne 2 EL Butter erhitzen und die Möhren darin bei mittlerer Hitze 5 Minuten dünsten.

4 Die Möhren mit dem Honig glasieren und mit Salz und Pfeffer abschmecken. Die Petersilie waschen und trocken schütteln, die Blätter abzupfen und fein hacken.

5 Den Knoblauch schälen und in kleine Würfel schneiden. Die Sahne erhitzen. Den Sellerie und die Kartoffeln abgießen und mit dem Kartoffelstampfer zerdrücken. Die Sahne, den Knoblauch und die restliche Butter unterrühren und alles zu einem Püree verarbeiten. Mit Salz, Pfeffer und Muskatnuss würzen.

6 Die Putenschnitzel mit den glasierten Möhren und dem Sellerie-Rahm-Püree auf Tellern anrichten. Mit der Petersilie garnieren.

Lammfilet
mit Limetten-Ingwer-Sauce

von Erich Hartl

Zutaten für 2 Personen:

500 g Lammfilet (küchenfertig) • Pfeffer aus der Mühle • frisch
geriebene Muskatnuss • Currypulver • 4 EL Olivenöl • Salz
1 unbehandelte Limette • 100 g Schalotten • 1 Knoblauchzehe
2 cm Ingwer • 1 rote Chilischote • 2 cl Noilly Prat (franz. Wermut)
100 ml Gemüsebrühe • je 1 Zweig Thymian und Rosmarin
1 Vanilleschote • 2 Lorbeerblätter • 250 g festkochende Kartoffeln
50 g kalte Butter

Zubereitung:

1 Den Backofen auf 100 °C (Umluft) vorheizen. Das Lammfilet waschen,
trocken tupfen, mit Pfeffer, 1 Prise Muskatnuss und etwas Currypulver würzen. In einer Pfanne 2 EL Olivenöl erhitzen und das Filet
darin rundum kurz anbraten. Herausnehmen und mit Salz würzen.
Das Fleisch im Ofen auf dem Ofengitter warm halten.

2 Die Limette heiß waschen und trocken reiben. Die Hälfte der Schale
mit dem Zestenreißer in feinen Streifen abziehen, dann die Limette
auspressen. Die Schalotten schälen und in kleine Würfel schneiden.
Den Knoblauch schälen und halbieren. Den Ingwer schälen und klein
schneiden, die Chilischote waschen und trocken tupfen.

3 Die Schalotten und den Knoblauch in der Pfanne im Bratensatz andünsten. Die Chili und den Ingwer hinzufügen und mit dem Noilly
Prat ablöschen. Den Limettensaft und die Brühe dazugießen. Den
Thymian und den Rosmarin waschen und trocken schütteln. Beides
mit der Vanilleschote und den Lorbeerblättern in die Sauce geben
und diese einkochen lassen.

4 Die Kartoffeln schälen, waschen und in kleine Würfel schneiden.
In einem Topf in kochendem Salzwasser etwa 20 Minuten garen.
Abgießen und abtropfen lassen. Das restliche Olivenöl in einer
Pfanne erhitzen und die Kartoffeln darin rundum kross braten.

5 Die Sauce durch ein Sieb gießen und die Limettenzesten dazugeben.
Die kalte Butter in kleine Würfel schneiden, in die Sauce geben und
unterrühren. Das Lammfilet schräg in Scheiben schneiden und mit
den Kartoffeln auf Teller anrichten. Die Sauce darüberträufeln.

Profi-Tipp
von Horst Lichter

» Bio hin, Bio her – wenn man
Zitronen oder Limetten an die
Schale will, muss man auch unbehandelte Früchte unbedingt
gründlich waschen. Wenn Sie gerade keine unbehandelten zur
Hand haben, polieren Sie die
Früchte mit einem ölgetränkten
Lappen. So werden Pestizidrück-
stände gut entfernt, und Sie können die Schale bedenkenlos verwenden. «

Bewertung

Das Lammfilet ist sehr schön
gebraten. Es hat eine gute Farbe und ist auch schön zart. Die
Limetten-Ingwer-Sauce ist zwar
ausgefallen, aber zu dem Filet
eigentlich zu hart.

Johann Lafer

Seeteufel mit Risotto und Mandelsauce

von Marina Noack

Zutaten für 2 Personen:

2 Seeteufelfilets (à 150 g; küchenfertig, ohne Haut) ● Salz ● Pfeffer aus der Mühle ● 70 g Butter ● 4 Schalotten ● 1 rote Chilischote 100 g gemahlene Mandeln ● 400 ml Fischfond ● 250 ml trockener Weißwein ● 200 g Brokkoli ● 50 g Parmesan (am Stück) ● 1 Gemüsezwiebel ● 1 Knoblauchzehe ● 100 g Risottoreis (z. B. Vialone) 300 ml Gemüsebrühe ● 250 g Sahne ● 1 Stiel Dill ● ½ unbehandelte Zitrone ● 1 EL Mandelblättchen

Zubereitung:

1 Den Backofen auf 100 °C vorheizen. Die Seeteufelfilets waschen, trocken tupfen und mit Salz und Pfeffer würzen. In einer Pfanne 1 EL Butter erhitzen und den Fisch darin auf beiden Seiten braten. Die Filets im Ofen warm halten.

2 Die Schalotten schälen und in kleine Würfel schneiden. Die Chilischote waschen und trocken tupfen. Die Schalotten im Bratensatz in der Pfanne andünsten, Mandeln und Chilischote dazugeben. Den Fond und den Wein dazugießen und einkochen lassen.

3 Den Brokkoli putzen, waschen und in die einzelnen Röschen teilen. Die Brokkoliröschen in kochendem Salzwasser bissfest garen. In ein Sieb abgießen, abtropfen lassen und warm halten. Den Parmesan fein reiben. Die Gemüsezwiebel und den Knoblauch schälen und in kleine Würfel schneiden.

4 In einem Topf 1 bis 2 EL Butter erhitzen, die Gemüsezwiebel und den Knoblauch darin andünsten. Den Reis dazugeben und glasig dünsten. So viel Brühe angießen, bis der Reis bedeckt ist, und einkochen lassen. Dabei gelegentlich umrühren. Diesen Vorgang so oft wiederholen, bis die Brühe verbraucht ist. Zuletzt den Parmesan, die restliche Butter und 50 g Sahne unter den Risotto rühren.

5 Die Chilischote aus der Sauce nehmen, die restliche Sahne hinzufügen und unterrühren. Den Dill waschen und trocken schütteln, die Spitzen abzupfen und fein hacken. Die Zitronenhälfte heiß waschen, trocken reiben und in dünne Scheiben schneiden.

6 Die Sauce auf Teller verteilen und das Seeteufelfilet daraufsetzen. Den Brokkoli und den Risotto daneben anrichten. Die Mandelblättchen über den Brokkoli streuen, mit Dill und Zitrone garnieren.

Saiblingsfilet
auf Avocado-Gröstl

von Erich Hartl

Profi-Tipp
von *Horst Lichter*

>> Gröstl ist eigentlich ein traditionelles Resteessen, das aus gerösteten Kartoffeln und Fleisch besteht. Hier tut man nur so, als sei etwas übrig geblieben, und mischt ganz bewusst ziemlich raffinierte Sachen miteinander. Es ist also ein Gericht, das auf meiner Speisekarte als »Fisch mit Avocadountereinander« stehen würde. <<

Bewertung

Das sieht sehr gut aus. Der Fisch könnte zwar mehr Würze vertragen, ist aber schön saftig.

Steffen Henssler

Zutaten für 2 Personen:

250 g festkochende Kartoffeln ● Salz ● 3 EL Olivenöl ● 1 Avocado
1 Knoblauchzehe ● 1/2 Bund Dill ● 100 g Cocktailtomaten
100 g junger Blattspinat ● Pfeffer aus der Mühle ● 1 Limette
2 Saiblingsfilets (à ca. 120 g; küchenfertig, mit Haut) ● weißer
Pfeffer aus der Mühle ● gemahlener Koriander

Zubereitung:

1 Die Kartoffeln schälen, waschen und in einem Topf in kochendem Salzwasser etwa 25 Minuten garen. Die Kartoffeln abgießen, etwas abkühlen lassen und in Scheiben schneiden.

2 Den Backofen auf 100 °C vorheizen. In einer beschichteten Pfanne 2 EL Olivenöl erhitzen und die Kartoffelscheiben darin goldbraun braten. Auf Küchenpapier abtropfen lassen und im Ofen warm halten.

3 Die Avocado halbieren und den Kern entfernen, das Fruchtfleisch schälen und in Spalten schneiden. Den Knoblauch schälen und in kleine Würfel schneiden. Den Dill waschen und trocken schütteln, die Spitzen abzupfen und fein hacken. Die Cocktailtomaten waschen und halbieren. Den Spinat verlesen, waschen und trocken schütteln, grobe Stiele entfernen. Avocadospalten, Knoblauch und Tomaten im Bratensatz der Kartoffeln kurz dünsten. Den Spinat hinzufügen und mit Salz, Pfeffer und Dill würzen.

4 Die Limette auspressen. Die Saiblingsfilets waschen und trocken tupfen, mit Limettensaft, Salz, weißem Pfeffer und etwas Koriander würzen. Das restliche Olivenöl erhitzen und die Saiblingsfilets darin zunächst auf der Hautseite braten. Wenden und auf der zweiten Seite ebenfalls kurz braten.

5 Die Kartoffelscheiben auf Teller verteilen, die Avocado-Tomaten-Mischung dazugeben und die Saiblingsfilets daneben anrichten. Nach Belieben einen Buttermilch-Joghurt-Dip dazu servieren.

Rehfilet mit Honig-Brombeer-Sauce

von Erich Hartl

Zutaten für 2 Personen:

2 Rehfilets (à 200 g; küchenfertig) • Wildgewürz • Pfeffer aus der Mühle • 4 EL Öl • je 4 Zweige Thymian und Rosmarin • 2 Schalotten 1 TL Tomatenmark • 1 TL Puderzucker • 150 ml trockener Rotwein 50 ml Portwein • 50 ml Wildfond • je 5 Pimentkörner, Gewürznelken und Wacholderbeeren • 1 Lorbeerblatt • 1 Zimtsplitter • 2 cm Ingwer je 1/2 TL abgeriebene unbehandelte Zitronen- und Orangenschale 150 g Brombeeren • 1 EL Honig • Salz • 1 Apfel • 1 Granatapfel 400 g Rotkohl (aus dem Glas) • Zucker

Zubereitung:

1 Den Backofen auf 120 °C vorheizen. Die Rehfilets waschen, trocken tupfen und mit Wildgewürz und Pfeffer würzen. In einer Pfanne 2 EL Öl erhitzen und die Filets darin rundum anbraten. Thymian und Rosmarin waschen und trocken schütteln. Je 2 Zweige mit den Rehfilets auf ein mit Backpapier ausgelegtes Backblech geben und im Ofen auf der mittleren Schiene 20 Minuten garen.

2 Die Schalotten schälen und in kleine Würfel schneiden. Das restliche Öl in einer zweiten Pfanne erhitzen und die Schalotten darin andünsten. Das Tomatenmark unterrühren. Den Puderzucker im Bratensatz der Rehfilets karamellisieren. Die Schalotten dazugeben, den Rotwein, den Portwein und den Fond angießen.

3 Die Pimentkörner in einer beschichteten Pfanne ohne Fett anrösten. Nelken und Wacholderbeeren andrücken. Die Gewürze mit den restlichen Thymian- und Rosmarinzweigen, dem Lorbeerblatt und dem Zimtsplitter in die Sauce geben. Den Ingwer schälen, klein schneiden und hinzufügen. Alles einkochen lassen.

4 Die Sauce durch ein Sieb passieren. Die Zitrusschalen unterrühren. Brombeeren waschen, trocken tupfen und ebenfalls dazugeben. Die Sauce erneut aufkochen und durch ein Sieb gießen. Mit Honig, Salz und Pfeffer abschmecken. Nach Belieben mit Speisestärke binden.

5 Den Apfel schälen, vierteln, entkernen und in Stücke schneiden. Den Granatapfel halbieren und die Kerne auslösen. Den Rotkohl in einem Topf erwärmen, die Apfelstücke und die Granatapfelkerne unterrühren. Mit 1 Prise Zucker abschmecken. Die Rehfilets schräg in 2 cm dicke Scheiben schneiden und mit der Honig-Brombeer-Sauce und dem Rotkohl auf Tellern anrichten.

Profi-Tipp

von **Horst Lichter**

» Bei so viel Aufwand und unterschiedlichen Gewürzen sollte es schon wenigstens die Liebste (oder der Liebste) sein, den man bekocht. Bei der Schwiegermutter würde ich es mir schwer überlegen. So, wie das Rehfleisch hier im Ofen zubereitet wird, das ist wirklich vorbildlich. Salz darf übrigens vor dem Garen nicht ans Fleisch – sonst würde es nämlich austrocknen. «

Bewertung

Dieser Anschnitt, dieser Garpunkt des Fleischs ist schon unglaublich. Ich bin so ein bisschen verliebt ...

Nelson Müller

Ente à l'orange
mit Rosenkohl und Polenta

von Marina Noack

Profi-Tipp
von *Horst Lichter*

» Wie Sie ganz leicht vom Spitzen- zum Spritzenkoch werden, hat unsere Kandidatin gezeigt. Damit die Entenbrüste den wunderbaren Orangengeschmack annehmen, hat sie Orangenlikör in eine Einwegspritze gefüllt und unter die Entenhaut gespritzt. Botox für Entenorangenhaut oder Doping fürs Federvieh. «

Zutaten für 2 Personen:

2 Entenbrustfilets (à ca. 200 g) • 2–3 EL Orangenlikör (z.B. Grand Marnier) • Salz • Pfeffer aus der Mühle • ca. 3 EL Butter 300 ml Gemüsebrühe • 250 g Rosenkohl (tiefgekühlt) • 4 Orangen 2 EL brauner Zucker • 2 EL Honig • 1 Knoblauchzehe • 2 Zweige Thymian • 150 g Sahne • 100 g Instant-Polenta • 3 EL geriebener Parmesan • 2 EL Sojasauce

Zubereitung:

1 Den Backofen auf 150 °C vorheizen. Das Ofengitter auf die mittlere Schiene und darunter ein Abtropfblech schieben. Die Entenbrüste waschen und trocken tupfen. Etwas Orangenlikör in eine Einwegspritze füllen und die Entenhaut an mehreren Stellen mit dem Likör unterspritzen. Die Haut rautenförmig einritzen, mit Salz und Pfeffer würzen. In einer Pfanne 1 TL Butter erhitzen und die Entenbrüste darin auf der Hautseite etwa 5 Minuten scharf anbraten. Wenden und auf der Fleischseite ebenfalls anbraten. Die Entenbrüste im Ofen auf dem Ofengitter 10 bis 15 Minuten garen.

2 Die Brühe erhitzen und den Rosenkohl darin 10 bis 15 Minuten garen. Die Orangen auspressen. Das überschüssige Entenfett aus der Pfanne tupfen und den Zucker darin karamellisieren. Mit Orangensaft ablöschen. Den restlichen Orangenlikör und den Honig dazugeben und einkochen lassen.

3 Den Knoblauch schälen und in kleine Würfel schneiden. Den Thymian waschen und trocken schütteln. In einem Topf 1 TL Butter erhitzen und den Knoblauch darin andünsten. Die Sahne und 100 ml Wasser dazugießen und mit Salz würzen. Die Thymianzweige hinzufügen und die Polenta unter Rühren einrieseln lassen. Die Polenta bei schwacher Hitze etwa 10 Minuten quellen lassen. Vom Herd nehmen und den Thymian entfernen. Den Parmesan und die restliche Butter unterrühren und die Polenta weitere 15 Minuten ziehen lassen.

4 Die Orangensauce mit Sojasauce abschmecken und erneut aufkochen lassen. Falls die Sauce zu süß sein sollte, etwas Gemüsebrühe oder Wasser dazugeben und noch mal einkochen lassen.

5 Die Entenbrüste in Scheiben schneiden. Mit dem Rosenkohl und der Polenta auf Tellern anrichten und mit der Orangensauce beträufeln.

Bewertung

Die Ente ist sehr gut: Saftig, rosa, das passt. Rosenkohl mag ich eigentlich nicht so gern, aber dieser hier schmeckt gut. Vielleicht ein bisschen zu wenig gewürzt. Ich glaube, ihr habt heute alle das Salz in der Hosentasche gelassen.

Steffen Henssler

Marzipankohl
mit Honig und Walnüssen

von Marina Noack

Zutaten für 2 Personen:

4 Blätter Rotkohl ● 100 g Trockenpflaumen ● 50 g Marzipanrohmasse ● 50 g Walnusskerne ● 2 EL Honig ● 2 Orangen ● 1/2 Zitrone 3 EL Butter ● 2 cl Orangenlikör (z. B. Grand Marnier) ● 1 Zweig Minze ● 2 EL Puderzucker

Zubereitung:

1 Die Rotkohlblätter in einem Topf in kochendem Wasser 10 Minuten blanchieren. Mit dem Schaumlöffel herausheben, kalt abschrecken und abtropfen lassen. Die Blattrippen mit einem Messer flach schneiden.

2 Die Trockenpflaumen, das Marzipan und die Walnüsse hacken. Alles in einer Schüssel mischen und 1 EL Honig unterrühren.

3 Die Rotkohlblätter auf der Arbeitsfläche auslegen und jeweils etwas Marzipanmischung in die Mitte geben. Die Blätter zu Rouladen aufrollen und mit Holzspießchen feststecken. Aus den Orangen und der Zitronenhälfte den Saft auspressen.

4 Die Butter in einer Pfanne erhitzen und die Rotkohlrouladen darin rundum anbraten. Mit dem Orangen- und dem Zitronensaft sowie dem Orangenlikör ablöschen und etwas einkochen lassen. Die Sauce mit dem restlichen Honig abschmecken.

5 Die Minze waschen, trocken tupfen und die Blätter abzupfen. Jeweils 2 Rouladen auf Dessertteller geben, mit Sauce beträufeln und mit der Minze garnieren. Mit Puderzucker bestäubt servieren.

Bewertung

Da bin ich sehr gespannt, das ist ein gewagtes Gericht. Es ist schön »al dente« und sehr, sehr süß. Das Marzipan schmeckt man, den Kohl nicht.

Steffen Henssler

Palatschinken
mit marinierten Äpfeln

von Erich Hartl

Zutaten für 2 Personen:

1 Ei • 125 ml Milch • 50 g Mehl • 1 Schuss Mineralwasser • 1 EL Puderzucker • Salz • 1 säuerlicher Apfel (z. B. Boskop) • ca. 2 EL Butter
2 cl Calvados (franz. Apfelbranntwein) • 2 EL naturtrüber Apfelsaft

Zubereitung:

1 Das Ei trennen. Das Eigelb mit der Milch, dem Mehl, dem Mineralwasser, dem Puderzucker und 1 Prise Salz in eine Schüssel geben und mit den Quirlen des Handrührgeräts zu einem glatten Teig verrühren. Das Eiweiß in einer zweiten Schüssel mit dem Schneebesen schaumig schlagen und unterheben. Den Teig etwa 15 Minuten ruhen lassen.

2 Den Apfel schälen, vierteln und das Kerngehäuse entfernen, das Fruchtfleisch in Spalten schneiden. In einer Pfanne 1 TL Butter erhitzen und die Apfelspalten darin kurz schwenken. Mit Calvados und Apfelsaft ablöschen und etwas ziehen lassen.

3 Die restliche Butter portionsweise in einer zweiten Pfanne erhitzen und aus dem Teig goldbraune Palatschinken backen. Nach Belieben mit Puderzucker bestäuben und mit den Apfelspalten servieren.

Profi-Tipp
von Horst Lichter

» Wer immer schon wissen wollte, wie ein Pfannkuchen besonders leicht und locker wird, bekommt hier die Antwort. Das ganze Geheimnis ist ein Schuss Mineralwasser im Teig! Der Effekt ist ähnlich wie beim Backpulver: Die Blubberbläschen – also die Kohlensäure – machen aus dem Teig einen Luftikus. Füllen kann man die Palatschinken auch mit Schokocreme oder Pflaumenmus; das heißt dann Powidl. «

Bewertung

Da kann man ja nicht so viel falsch machen. Wunderbar, wunderbar. Wer das gemacht hat, der kann sich entspannen.

Steffen Henssler

Tomatensüppchen
mit Basilikumcreme

Zubereitung:

1 Den Schinken in kleine Würfel schneiden. Den Knoblauch schälen und in kleine Würfel schneiden. Den Oregano waschen und trocken schütteln, die Blätter abzupfen und fein hacken.

2 Das Öl in einem Topf erhitzen und die Schinkenwürfel darin anbraten. Die Dosentomaten klein schneiden und mit der Sahne dazugeben. Den Knoblauch und den Oregano unterrühren, die Suppe mit Salz, Pfeffer und Zucker würzen und bei schwacher Hitze etwa 20 Minuten leicht köcheln lassen.

3 Die Tomatensuppe durch ein grobes Sieb streichen, den Schinken entfernen und die Suppe etwa 10 Minuten einköcheln lassen. Inzwischen das Basilikum waschen, trocken schütteln und die Blätter abzupfen. Einige Blätter für die Deko beiseitelegen, den Rest fein hacken. Das Eigelb mit der Crème fraîche und dem Basilikum in einem hohen Rührbecher mit dem Stabmixer schaumig aufschlagen und mit Salz und Pfeffer würzen.

4 Kurz vor dem Servieren die Tomatensuppe mit dem Sherry abschmecken. Die Suppe in tiefen Tellern anrichten und die Basilikumcreme darauf verteilen. Mit den Basilikumblättern garnieren.

Zutaten für 2 Personen:

80 g Schwarzwälder Schinken
(am Stück)
1 Knoblauchzehe
$1/2$ Bund Oregano
1 EL Öl
250 g Dosentomaten
150 g Sahne
Salz · Pfeffer aus der Mühle
Zucker
$1/2$ Bund Basilikum
1 sehr frisches Eigelb
80 g Crème fraîche
1 cl Sherry (medium)

Das Geheimnis dieses Rezepts

Italien lässt grüßen – Omas Küche aber auch. Denn damit die Tomatensuppe richtig schön deftig und würzig schmeckt, koche ich Schinkenwürfel mit. Die bleiben zwar später sozusagen im Sieb auf der Strecke, haben ihr Aroma bis dahin aber längst an die Suppe abgegeben. Aufpeppen kann man die Tomatensuppe noch mit frisch gerösteten Knoblauchcroûtons, oder man serviert mit Parma- oder Serranoschinken umwickelte Grissinistangen dazu.

Forelle
wie bei Tante Gerda

Zubereitung:

1 Die Salatherzen putzen, waschen, trocken schleudern und in mundgerechte Stücke zupfen. Den Dill waschen und trocken schütteln, die Spitzen abzupfen und fein hacken. Die Zitrone auspressen. Den Joghurt mit dem Dill und dem Zitronensaft zu einem Dressing verrühren und mit Salz, Pfeffer und Zucker abschmecken.

2 Die Kartoffeln schälen, waschen und in Stücke schneiden. In einem Topf in kochendem Salzwasser etwa 25 Minuten garen.

3 Inzwischen die Forelle innen und außen waschen, trocken tupfen und mit Salz und Pfeffer einreiben. Die Kräuter waschen, trocken schütteln und grob hacken, die Forelle damit füllen. Die Öffnung der Bauchhöhle mit etwa 1 EL Butter bestreichen.

4 Den Backofen auf 80 °C vorheizen. Den Knoblauch schälen. In einer tiefen Pfanne die restliche Butter erhitzen und den Fisch darin mit dem Knoblauch bei mittlerer Hitze auf beiden Seiten 10 bis 15 Minuten braten. Die Forelle aus der Pfanne nehmen, auf ein Backblech legen, mit Alufolie zudecken und im Ofen warm halten.

5 Die Kartoffeln abgießen und kurz ausdampfen lassen. 1 Msp. Butter in den Topf geben. Das Bratenfett aus der Pfanne abgießen und die Kartoffeln in der Pfanne schwenken. Die Forelle mit den Kartoffeln und dem Salat auf einer Platte oder auf Tellern anrichten und den Salat mit dem Joghurtdressing beträufeln.

Zutaten für 2 Personen:

4 Salatherzen
1/2 Bund Dill
1/2 Zitrone
80 g Naturjoghurt
Salz · Pfeffer aus der Mühle
Zucker
250 g festkochende Kartoffeln
1 Bachforelle (ca. 500 g; küchenfertig)
je 1/2 Bund Thymian, Rosmarin, Schnittlauch und Petersilie
ca. 125 g weiche Butter
3 Knoblauchzehen

Das Geheimnis dieses Rezepts

Die Kräuter geben dem Fisch beim Braten ein tolles Aroma. Sie können die Forelle aber auch mit halbierten Schalotten und unbehandelten Zitronenscheiben füllen und mit Salz und Pfeffer würzen. Aber bitte auf keinen Fall die Butter vergessen – Tante Gerda wäre sonst enttäuscht. Noch mehr Geschmack bringt Kräuterbutter, die man natürlich am besten selbst machen sollte.

Senfschaumsuppe
mit geräuchertem Wildlachs

von Axel Bock

Profi-Tipp
von *Johann Lafer*

» Statt mit Räucherlachs können Sie die Suppe auch einmal mit geräuchertem Heilbutt oder Stör anrichten. Dill bitte immer erst ganz zum Schluss an das Gericht geben und möglichst nicht mitkochen. Denn wenn die zarten Dillspitzen zu heiß werden, verfärben sie sich grau. Zum Aufschäumen von Suppen und Saucen ist ein Stabmixer ideal. Mit ihm können Sie nahe an der Oberfläche mixen, sodass Luft in die Flüssigkeit gelangt und ein schöner Schaum entsteht. «

Zutaten für 2 Personen:

2 Schalotten • 100 g mehlig kochende Kartoffeln • 2 EL Olivenöl 150 ml trockener Weißwein • 300 ml Gemüsebrühe • 200 g Sahne 200 ml Milch • Fleur de Sel • Pfeffer aus der Mühle • 5 EL süßer Senf • 6 Scheiben geräucherter Wildlachs • einige Stiele Dill

Zubereitung:

1 Die Schalotten schälen, die Kartoffeln schälen und waschen. Beides in kleine Würfel schneiden. Das Olivenöl in einem Topf erhitzen und die Schalottenwürfel darin bei mittlerer Hitze andünsten. Die Kartoffeln dazugeben und 3 Minuten mitdünsten. Mit 100 ml Wein ablöschen und auf die Hälfte einkochen lassen.

2 Die Brühe, die Sahne und 100 ml Milch hinzufügen und zum Kochen bringen. Die Suppe bei mittlerer Hitze 15 Minuten kochen lassen. Die restliche Milch mit dem übrigen Wein in einem zweiten Topf erhitzen.

3 Die Suppe mit dem Stabmixer fein pürieren, durch ein Sieb streichen und mit Fleur de Sel und Pfeffer würzen. Den Senf unterrühren und die Suppe nach Belieben mit Zitronensaft abschmecken. Kurz vor dem Servieren nochmals mit dem Stabmixer aufschäumen.

4 Die warme Milch-Wein-Mischung mit dem Stabmixer zu einem festen Schaum aufschlagen. Vier Scheiben Wildlachs in feine Streifen schneiden, die restlichen Scheiben zu Röschen formen. Die Lachsstreifen auf tiefe Teller verteilen und die Suppe angießen.

5 Den Dill waschen und trocken schütteln, die Spitzen abzupfen und fein hacken. Die Lachsröschen vorsichtig auf die Senfschaumsuppe setzen, mit Dill und dem Milchschaum garniert servieren.

Bewertung

Das sieht ja schön aus. Traumhaft! Wie ein junges Mädchen im Frühtau!

Horst Lichter

Seezungenröllchen auf Safransauce

von Monika Urban

Zutaten für 2 Personen:

100 g Garnelen (küchenfertig) ● 60 g Sahne ● Salz ● schwarzer Pfeffer aus der Mühle ● Cayennepfeffer ● 3 EL gehackte gemischte Kräuter (Dill, Petersilie und Basilikum) ● 160 ml Fischfond 50 g Tagliatelle ● Öl für die Folie ● 2 Seezungenfilets (küchenfertig; ohne Haut) ● 1½ EL Butter ● 1 EL Mehl ● 75 g Crème fraîche 40 ml trockener Weißwein ● 1 unbehandelte Zitrone ● 1 Msp. Safranfäden ● weißer Pfeffer aus der Mühle

Zubereitung:

1 Die Garnelen waschen, trocken tupfen und mit 1 EL Sahne in einem hohen Rührbecher mit dem Stabmixer fein pürieren. Die Garnelenmasse mit Salz, schwarzem Pfeffer und Cayennepfeffer würzen. Die Kräuter mit 1 bis 2 EL Fond mischen. Die Garnelenmasse halbieren und eine Hälfte mit der Kräutermischung verrühren.

2 Die Tagliatelle nach Packungsanweisung in reichlich kochendem Salzwasser bissfest garen.

3 Zwei Bogen Alufolie mit Öl bestreichen. Die Seezungenfilets waschen und trocken tupfen. Ein Fischfilet auf der dunklen Hautseite mit der Garnelenmasse, das zweite mit der Kräutermasse bestreichen. Die Fischfilets aufrollen, jeweils fest in ein Stück Alufolie wickeln und die Enden gut verschließen. Die Fischröllchen in siedendem Wasser etwa 12 Minuten gar ziehen lassen.

4 Die Butter in einem Topf erhitzen. Das Mehl darin unter Rühren anschwitzen und mit dem restlichen Fond und der übrigen Sahne ablöschen. Die Crème fraîche und den Wein hinzufügen und die Sauce etwas einköcheln lassen. Die Zitrone heiß waschen, trocken reiben und die Schale fein abreiben. Die Zitronenschale und den Safran unterrühren, die Sauce mit Salz und weißem Pfeffer abschmecken. Kurz vor dem Servieren mit dem Stabmixer aufschäumen.

5 Die Tagliatelle in ein Sieb abgießen und abtropfen lassen. Jeweils etwas Safransauce auf Teller verteilen. Die Seezungenröllchen mit dem Schöpflöffel aus dem Topf heben und die Alufolie entfernen. Die Röllchen in der Mitte aufschneiden und mit den Nudeln auf der Sauce anrichten. Die restliche Sauce darüberträufeln.

Knuspriges Zanderfilet auf Risotto milanese

von Axel Bock

Zutaten für 2 Personen:

750 ml Geflügelfond ● 3 Schalotten ● 4 Knoblauchzehen ● 130 g Butter ● 200 g Risottoreis (z.B. Vialone) ● 100 ml trockener Weißwein 4 Strauch- oder Flaschentomaten ● 3 Zweige Thymian ● 1–2 TL Zucker ● Fleur de Sel ● schwarzer Pfeffer aus der Mühle ● 2 Zanderfilets (à ca. 125 g; küchenfertig, mit Haut) ● Saft von 1 Zitrone 3–4 EL Olivenöl ● 2 EL Mehl ● ½ TL Safranfäden ● 50 g geriebener Parmesan ● weißer Pfeffer aus der Mühle

Zubereitung:

1 In einem Topf 700 ml Fond erhitzen. Die Schalotten und 1 Knoblauchzehe schälen, die Schalotten in kleine Würfel schneiden, den Knoblauch andrücken. In einem weiteren Topf 3 EL Butter erhitzen, die Schalotten und den Knoblauch darin andünsten. Den Reis hinzufügen und glasig dünsten. Mit dem Wein ablöschen und so viel heißen Fond angießen, bis der Reis bedeckt ist, und bei schwacher Hitze unter Rühren einkochen lassen. Diesen Vorgang mehrmals wiederholen, bis der Reis nach 15 bis 20 Minuten sämig ist.

2 Die Tomaten kreuzweise einritzen, überbrühen, kalt abschrecken, häuten, vierteln und entkernen. Das Fruchtfleisch in Spalten schneiden. Den Thymian waschen und trocken schütteln. Zwei Knoblauchzehen schälen und andrücken. Die Blätter von 1 Thymianzweig abzupfen. Die Tomatenspalten in einer Pfanne in 2 EL Butter mit dem Knoblauch und etwas Zucker dünsten. Die Thymianblätter dazugeben, mit Fleur de Sel und schwarzem Pfeffer würzen.

3 Zanderfilets waschen und trocken tupfen. Die Haut der Fischfilets mit einem scharfen Messer mehrmals einschneiden und mit Zitronensaft, 1 bis 2 EL Olivenöl, Salz, schwarzem Pfeffer und etwas Mehl einreiben. Den restlichen ungeschälten Knoblauch andrücken. Restliches Olivenöl in einer Pfanne erhitzen und die Zanderfilets darin auf der Hautseite mit dem Knoblauch und den beiden übrigen Thymianzweigen bei mittlerer Hitze 5 Minuten anbraten. Wenden, 3 EL Butter hinzufügen und den Fisch bei schwacher Hitze gar ziehen lassen.

4 Die Safranfäden in dem restlichen Fond auflösen und unter den fertigen Risotto ziehen. Zuletzt die restliche Butter und den Parmesan unterrühren. Den Risotto mit Salz und weißem Pfeffer würzen. Mit dem Zanderfilet und den Tomaten auf Tellern anrichten.

Bewertung

Das Risotto ist traumhaft, das Fischlein ist auch sehr schön. Das liebe ich.

Horst Lichter

Thunfisch-Tagliata in Portwein-Balsamico-Sauce

von Monika Urban

Profi-Tipp
von Johann Lafer

>> Bei dieser Sauce kann man getrost behaupten: Von nichts kommt nichts. Daher sollten Sie nur einen Aceto balsamico verwenden, der ein ausgewogenes Aroma besitzt. Bei Balsamessig verhält es sich wie beim Wein: Der Preis spiegelt nicht zwingend die Qualität wider. Daher empfiehlt es sich, mehrere Essigsorten zu probieren, um die optimale zu finden. «

Bewertung

Sieht ja traumhaft aus! Das ist mal ein Thunfisch, der freiwillig aus dem Wasser gesprungen ist. Hier als Juror zu sitzen ist der geilste Job, den man in Deutschland haben kann.

Horst Lichter

Zutaten für 2 Personen:

400 g Thunfischsteak (küchenfertig; Sushi-Qualität) ● 1 unbehandelte Zitrone ● 2 EL Zitronensaft ● 6 EL Olivenöl ● 1 Knoblauchzehe 2 Zweige Rosmarin ● 15 frische Lorbeerblätter ● 200 g festkochende Kartoffeln ● 1 kleine Zwiebel ● Olivenöl für das Backblech ● grobes Meersalz ● Pfeffer aus der Mühle ● Fleur de Sel ● 1 cl roter Portwein 4 EL alter Aceto balsamico ● Olio agrumato al limone zum Beträufeln (Zitronen-Olivenöl) ● 100 g Rucola ● ca. 30 g Parmesan (am Stück) Balsamicocreme

Zubereitung:

1 Den Thunfisch waschen und trocken tupfen. Die Zitrone heiß waschen, trocken reiben und in dünne Scheiben schneiden. Den Zitronensaft mit 4 EL Olivenöl verrühren. Den Knoblauch schälen und andrücken. Den Rosmarin waschen und trocken schütteln.

2 Den Thunfisch mit Zitronenscheiben, Olivenölmischung, Knoblauch, 1 Rosmarinzweig und Lorbeerblättern in einen Gefrierbeutel geben, gut verschließen und im Kühlschrank möglichst 2 Stunden ziehen lassen. Den Gefrierbeutel dabei gelegentlich wenden.

3 Den Backofen auf 170 °C (Umluft) vorheizen. Die Kartoffeln waschen und mit der Schale in dünne Scheiben schneiden. Die Zwiebel schälen und in Stücke schneiden. Ein Backblech mit Olivenöl bestreichen. Die Kartoffeln und die Zwiebel mit dem restlichen Rosmarinzweig auf dem Blech verteilen. Mit Meersalz und Pfeffer würzen und im Ofen auf der mittleren Schiene 20 Minuten garen.

4 Den Thunfisch aus dem Beutel nehmen und trocken tupfen. In einer Pfanne 2 EL Olivenöl erhitzen und den Thunfisch darin auf beiden Seiten je 3 Minuten anbraten. Aus der Pfanne nehmen, mit Fleur de Sel und Pfeffer würzen. Den Bratensatz mit etwas Marinade ablöschen, Portwein und 2 EL Essig dazugießen. Die Steaks wieder in die Pfanne geben, mit Zitronen-Olivenöl beträufeln und bei schwacher Hitze einige Minuten ziehen lassen, sie sollten innen noch rosa sein.

5 Den Rucola verlesen, waschen und trocken schütteln, grobe Stiele entfernen. Mit 2 EL Essig beträufeln und mit Salz und Pfeffer würzen. Den Thunfisch in Scheiben schneiden, mit Salat und Kartoffeln anrichten. Mit der Sauce und etwas Zitronen-Olivenöl beträufeln, den Parmesan darüberhobeln und mit Balsamicocreme garnieren.

Hühnerfrikassee mit Wildreis

von Axel Bock

Zutaten für 2 Personen:

150 g Wildreis • Salz • 150 g Erbsen (tiefgekühlt) • 2 Hähnchen-brüste (mit Haut und Knochen) • 1 kleines Bund Suppengemüse
1 l Hühnerbrühe • 2 Möhren • 150 g grüner Spargel • 100 g Champignons • 3 EL Butter • 1 EL Mehl • 200 g Sahne • 100 g Crème fraîche
100 g Crème double • Pfeffer aus der Mühle • Saft von 1 Zitrone
1/2 Bund Petersilie

Zubereitung:

1 Den Wildreis in einem Topf nach Packungsanweisung in kochendem Salzwasser bissfest garen. Die Erbsen auftauen lassen.

2 Die Hähnchenbrüste waschen, trocken tupfen und auslösen. Das Suppengemüse putzen, waschen bzw. schälen und in grobe Stücke schneiden. Die Hähnchenbrüste mit den Knochen und dem Suppengemüse in einem Topf in der Brühe 25 bis 30 Minuten kochen.

3 Die Möhren putzen, schälen und in Scheiben schneiden. Den Spargel waschen und nur im unteren Drittel schälen, holzige Enden entfernen. Die Spargelstangen in kleine Stücke schneiden. Beide Gemüsesorten in kochendem Salzwasser einige Minuten bissfest blanchieren. Abgießen, kalt abschrecken und abtropfen lassen.

4 Die Champignons putzen, trocken abreiben und in Scheiben schneiden. In einer Pfanne 1 EL Butter erhitzen und die Champignons darin bei mittlerer Hitze einige Minuten anbraten.

5 Die restliche Butter in einem Topf erhitzen und das Mehl darin unter Rühren anschwitzen. Von der Brühe mit den Hähnchenbrüsten 4 bis 5 Schöpflöffel abnehmen und die Mehlschwitze damit ablöschen. Die Sahne, die Crème fraîche und die Crème double hinzufügen und erhitzen. Die Sauce mit Salz, Pfeffer und Zitronensaft abschmecken. Erbsen, Möhren und Spargel hinzufügen und einige Minuten in der Sauce erhitzen.

6 Die Hähnchenbrüste in Stücke schneiden und ebenfalls in die Sauce geben. Die Petersilie waschen und trocken schütteln, die Blätter abzupfen, fein hacken und zur Sauce geben. Das Hühnerfrikassee mit dem Reis und den Champignons auf Tellern anrichten und nach Belieben mit Worcestersauce würzen.

Lammlendchen
mit Rosmarinkartoffeln

von Monika Urban

Zutaten für 2 Personen:

200 g festkochende Kartoffeln ● 1 Lorbeerblatt ● Meersalz ● 2 Schalotten ● 3 Knoblauchzehen ● 1 rote Chilischote ● 3 Zweige Thymian 4 Zweige Rosmarin ● 300 g Lammlende (küchenfertig) ● 4 EL Butterschmalz ● 3 Wacholderbeeren ● Pfeffer aus der Mühle ● 1 cl Cognac 120 ml Lammfond ● 100 ml trockener Rotwein ● 80 g kalte Butter 150 ml Gemüsebrühe ● 200 g Prinzessbohnen ● 4 Scheiben Frühstücksspeck (Bacon) ● 2 EL Olivenöl ● 2 EL Cumberlandsauce

Zubereitung:

1 Die Kartoffeln waschen und mit dem Lorbeerblatt in kochendem Salzwasser etwa 25 Minuten garen. Inzwischen die Schalotten schälen und vierteln. Zwei Knoblauchzehen schälen und andrücken. Die Chilischote längs aufschneiden, entkernen und waschen. Die Kräuter waschen und trocken schütteln.

2 Den Backofen auf 120 °C (Umluft) vorheizen. Die Lammlende waschen und trocken tupfen. In einer Pfanne 2 EL Butterschmalz erhitzen und das Fleisch darin rundum 2 Minuten anbraten. Die Schalotten, den angedrückten Knoblauch, die Chilischote, die Thymianzweige, 3 Rosmarinzweige und die Wacholderbeeren dazugeben, mit Meersalz und Pfeffer würzen. Anschließend das Fleisch in eine mit Alufolie ausgelegte ofenfeste Form legen und im Ofen auf der mittleren Schiene 25 Minuten garen.

3 Den Bratensatz in der Pfanne mit Cognac flambieren. Mit dem Fond und dem Wein ablöschen und einköcheln lassen. Die Sauce durch ein Sieb streichen, mit der in Würfel geschnittenen Butter binden.

4 Die Brühe in einem Topf zum Kochen bringen. Die Bohnen putzen, waschen und in der Brühe 8 bis 10 Minuten garen. Abgießen, abtropfen lassen, in 4 Portionen teilen und jeweils mit 1 Scheibe Speck umwickeln. Das restliche Butterschmalz in einer Pfanne erhitzen und die Bohnenpäckchen darin rundum anbraten.

5 Die Kartoffeln abgießen und etwas abkühlen lassen, dann mit den Händen leicht flach drücken. Den übrigen Knoblauch schälen und andrücken. Die Kartoffeln mit dem restlichen Rosmarin und dem Knoblauch in einer Pfanne in dem Olivenöl langsam braten. Mit Salz würzen, mit dem Lammfleisch, den Bohnen, der Cognac- und der Cumberlandsauce auf Tellern anrichten.

Bewertung

Wow! Das ist ja wie im Sternenladen angerichtet! Die Kartoffeln sind gut, und das Lamm ist super. Ich muss schon sagen: À la bonne heure! Sehr gut!

Steffen Henssler

Poulardenbrust
mit Gänseleber-Pfeffer-Sauce

von Monika Urban

Profi-Tipp
von *Johann Lafer*

》 Lauter edle Zutaten – hier bewegen wir uns schon fast auf Sterneniveau. Wer auch bei der Zubereitung noch Extrapunkte sammeln möchte, der verwendet zum Braten der Poulardenbrust ein Schweinenetz. Denn das Einwickeln von Fleisch in ein solches Netz, das aus der Gewebehaut des Bauchfells hergestellt wird, bietet gleich mehrere Vorteile: Das Schweinenetz hält das Fleisch in Form, schmilzt beim Garen und sorgt so für mehr Aroma. 《

Bewertung

Sehr lecker! Da bekommt man als Profi ja richtig Druck, wenn man sieht, was die Hobbyköche kochen können.

Nelson Müller

Zutaten für 2 Personen:

200 g mehlig kochende Kartoffeln ● Salz ● 2 Poulardenbrustfilets (à 120 g; küchenfertig) ● 1 Brötchen (vom Vortag) ● 120 g Sahne 20 g Trüffelcarpaccio (aus dem Glas) ● Pfeffer aus der Mühle 2 EL geschlagene Sahne ● 2 EL Butterschmalz ● 1 EL Butter je 1 TL schwarze und weiße Pfefferkörner ● 2 cl roter Portwein 175 ml Geflügelfond ● 3 EL trockener Rotwein ● 20 g Gänseleberpastete ● frisch geriebene Muskatnuss ● 1 kleine schwarze Trüffel

Zubereitung:

1 Die Kartoffeln schälen, waschen und in kochendem Salzwasser garen. Den Backofen auf 170 °C vorheizen. Die Poulardenbrustfilets waschen, trocken tupfen und 30 g Fleisch abschneiden. Brötchen zerkleinern. Beides mit 40 g Sahne, dem Trüffelcarpaccio, Salz und Pfeffer im Küchenmixer zu einer Farce pürieren, nach Belieben 1 cl Trüffelfond aus dem Glas unterrühren. 1 EL geschlagene Sahne unterziehen.

2 In die Poulardenfilets mit einem scharfen Messer jeweils an der schmalen Seite eine Tasche schneiden. Die Geflügelfarce in einen Spritzbeutel füllen und – bis auf einen kleinen Rest – in die Fleischtaschen spritzen, die Filets mit Salz und Pfeffer würzen. Die Poulardenbrüste mit dem Butterschmalz in eine ofenfeste Form geben und im Ofen auf der mittleren Schiene 12 Minuten garen. Die Filets herausnehmen und in einer Pfanne in der Butter kurz nachbraten. Vor dem Aufschneiden 3 Minuten ruhen lassen.

3 Für die Sauce die schwarzen und weißen Pfefferkörner im Mörser zerdrücken und in einem Topf in 125 ml Wasser aufkochen. In ein feines Sieb abgießen, kalt abbrausen und den Vorgang nochmals wiederholen. Die Pfefferkörner mit dem Portwein erhitzen und abkühlen lassen. In einem Topf 100 ml Fond und den Wein auf die Hälfte einköcheln lassen. Die restliche Trüffelfarce und 30 g Sahne hinzufügen und die Sauce nochmals einköcheln lassen. Die Leberpastete mit dem Stabmixer unterrühren, Portwein und Pfefferkörner dazugeben. Mit Salz würzen und 1 EL geschlagene Sahne unterziehen.

4 Den restlichen Fond mit der restlichen Sahne erhitzen. Die Kartoffeln zerstampfen und mit der Sahnemischung verrühren, mit Muskatnuss würzen. Das Fleisch mit dem Kartoffelpüree und der Sauce anrichten, etwas Trüffel darüberhobeln.

Rinderfilet mit Polenta und Barolo-Schalotten

von Axel Bock

Profi-Tipp
von *Johann Lafer*

≫ **Für ambitionierte Hobbyköche und Fans von Fleischgerichten ist ein Bratenthermometer ein unentbehrlicher Helfer in der Küche. Mit ihm kann man bei großen Braten, die im Ofen zubereitet werden, die Kerntemperatur messen. Es wird in die dickste Stelle des Fleischstücks gesteckt, sodass der Fühler die Mitte erreicht, und bleibt während des gesamten Garprozesses im Braten. So kann man leicht erkennen, wann das Fleisch gar ist. Bei Rindfleisch beträgt die optimale Kerntemperatur 50 bis 57 °C. ≪**

Zutaten für 2 Personen:

400 g Rinderfilet (küchenfertig) ● **Fleur de Sel** ● **Pfeffer aus der Mühle** ● **1 Knoblauchknolle** ● **je 1 Zweig Thymian und Rosmarin** **1 1/2 EL Butterschmalz** ● **375 ml Rotwein (Barolo)** ● **125 g Butter** **1 Knoblauchzehe** ● **250 ml Gemüsebrühe** ● **250 ml Milch** ● **125 g Ins-tant-Polenta** ● **125 g Schalotten** ● **1/2 TL Puderzucker** ● **1 EL Olivenöl** **je 1/2 unbehandelte Zitrone und Orange** ● **2 Pimentkörner** ● **1 Lor-beerblatt** ● **1 1/2 EL Rotweinessig** ● **50 ml roter Portwein** ● **50 ml Hüh-nerbrühe** ● **ca. 100 g Parmesan (am Stück)** ● **50 g kalte Butter**

Zubereitung:

1 Den Backofen auf 180 °C vorheizen. Das Rinderfilet waschen, trocken tupfen und kräftig mit Fleur de Sel und Pfeffer würzen. Knoblauch-knolle quer halbieren. Kräuter waschen und trocken schütteln. Das Filet in einem Bräter im heißen Butterschmalz mit der halbierten Knoblauchknolle und je 1/2 Thymian- und Rosmarinzweig rundum anbraten. Mit 150 ml Rotwein ablöschen und 50 g Butter hinzufügen.

2 Das Fleisch im Ofen auf der mittleren Schiene 10 Minuten garen. Anschließend wenden und weitere 10 Minuten garen, falls nötig, die Backofentemperatur herunterschalten. Die Kerntemperatur des Fleischs mit dem Bratenthermometer überprüfen (siehe Tipp).

3 Eine halbe Knoblauchzehe schälen und andrücken. Die Gemüsebrühe mit der Milch aufkochen. Die Knoblauchzehe hinzufügen und den Topf vom Herd nehmen. Die Polenta einrühren und bei schwacher Hitze etwa 20 Minuten quellen lassen, dabei öfter umrühren.

4 Die Schalotten schälen und in schmale Spalten schneiden. Den Puderzucker in einer Pfanne hell karamellisieren. Die Schalotten mit dem restlichen ungeschälten Knoblauch und dem Olivenöl dazu-geben und andünsten. Die Zitrusfrüchte heiß waschen, trocken rei-ben und die Schale fein abreiben. Pimentkörner, Lorbeerblatt und Zitrusschalen zu den Schalotten geben. Mit Essig, Portwein und übrigem Rotwein ablöschen und die Hühnerbrühe dazugießen. Die restlichen Kräuter dazugeben und die Sauce einkochen lassen.

5 Das Fleisch herausnehmen und in Alufolie gewickelt 5 Minuten ruhen lassen. Die Polenta mit Salz und Pfeffer würzen. Parmesan fein reiben und mit der kalten Butter unter die Polenta mischen. Das Fleisch in Scheiben schneiden, mit der Polenta und den Schalotten anrichten.

Bewertung

Das Filet hat eine sehr schöne Farbe und ist butterzart. Auch die Polenta ist sehr gut. Von den Barolo-Schalotten habe ich nicht so viel geschmeckt.

Nelson Müller

Grappa-Sabayon mit Haselnuss-Crêpes

von Monika Urban

Zutaten für 2 Personen:

1 Vanilleschote ● 1 unbehandelte Zitrone ● 3 Eier ● 1 TL Speisestärke
3 EL Orangensaft ● 3 EL Butter ● 20 g Haselnusskerne ● 50 g Zucker ● 1 Msp. Puderzucker ● 2 Eigelb ● 100 ml trockener Weißwein
2 cl Grappa (ital. Tresterbranntwein)

Zubereitung:

1 Den Backofen auf 190 °C (Umluft) vorheizen. Die Vanilleschote der Länge nach aufschneiden und das Mark herauskratzen. Die Zitrone heiß waschen, trocken reiben und die Schale fein abreiben. In einer Schüssel 2 Eier mit der Speisestärke, dem Orangensaft, der Hälfte der Zitronenschale und dem Vanillemark verrühren. Den Teig durch ein Sieb streichen. In einer Pfanne 2 EL Butter zerlassen und unter den Teig rühren. Aus dem Teig in der Pfanne in der restlichen Butter 2 dünne Crêpes backen.

2 Die Haselnüsse fein hacken. Das restliche Ei trennen. Das Eiweiß steif schlagen, dabei 1 gestr. EL Zucker einrieseln lassen. Das Eigelb mit dem Puderzucker schaumig rühren. Den Eischnee mit den Haselnüssen unter die Eigelbmasse heben, den Nussschaum auf die fertigen Crêpes streichen und die Crêpes einschlagen. Die Crêpes in eine mit Alufolie ausgelegte ofenfeste Form legen und im Ofen auf der mittleren Schiene 6 bis 8 Minuten backen.

3 Die beiden Eigelbe mit dem restlichen Zucker und dem Wein in einer Metallschüssel verrühren. Im heißen Wasserbad so lange schlagen, bis die Creme schaumig ist und ihr Volumen verdoppelt hat. Den Grappa hinzufügen und das Sabayon noch einmal gut durchschlagen.

4 Nach Belieben 100 g helle oder dunkle Trauben schälen, entkernen und in einer Pfanne in 1 EL Butter schwenken. Die Crêpes mit dem warmen Grappasabayon und den Trauben auf Desserttellern anrichten. Nach Belieben mit 1 EL gerösteten Mandelblättchen garnieren und mit etwas Zimtpulver bestäuben.

Profi-Tipp
von *Johann Lafer*

» Locker aus dem Handgelenk sollte nicht nur das Sabayon geschlagen werden; auch beim Backen der Crêpes kommt es darauf an, die Pfanne so zu schwenken, dass sich der Teig gleichmäßig hauchdünn darin verteilen kann. Falls Sie das Dessert für mehrere Personen zubereiten, können Sie Zeit sparen, wenn Sie gleichzeitig mit zwei Pfannen arbeiten. «

Bewertung

Wenn diesen Nachtisch eine Dame gemacht haben sollte, würde ich meine Beziehung noch mal überdenken und die Dame mitnehmen.

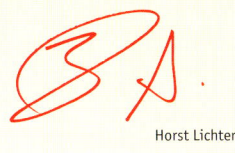

Horst Lichter

Schnelle Birnentarte mit Vanillesauce

von Axel Bock

Zutaten für 2 Personen:

2 Platten Tiefkühl-Blätterteig ● 1 reife Birne ● 50 g Puderzucker 50 ml trockener Weißwein ● 4 cl Birnenschnaps ● 1 EL Sahne 3 Eigelb ● 125 ml Milch ● 1 Tahiti-Vanilleschote ● 1 Sternanis 2 Kardamomkapseln ● 50 g Zucker ● 2 EL Mandelblättchen 50 g brauner Zucker ● gehackte Pistazien für die Deko ● einige Blätter Zitronenmelisse ● Puderzucker zum Bestäuben

Zubereitung:

1 Den Blätterteig auf der Arbeitsfläche auftauen lassen. Den Backofen auf 180 °C vorheizen. Die Birne schälen, halbieren und das Kerngehäuse entfernen. Den Puderzucker in einem Topf bei mittlerer Hitze karamellisieren und mit dem Wein, 2 EL Wasser und dem Birnenschnaps ablöschen. Die Birnenhälften in den Weinsud geben und bei mittlerer Hitze 5 Minuten dünsten. Herausnehmen, etwas abtropfen lassen und der Länge nach fächerförmig einschneiden.

2 Je 1 Birnenhälfte auf 1 Blätterteigplatte legen und den Teig der Form der Birne entsprechend ausschneiden, dabei einen 1 1/2 cm breiten Rand stehen lassen. Die Sahne mit 1 Eigelb verquirlen und den Blätterteigrand damit bestreichen. Die Tartes auf ein mit Backpapier ausgelegtes Backblech geben und im Ofen auf der mittleren Schiene 15 Minuten goldbraun backen.

3 Die Milch in einem Topf erhitzen. Die Vanilleschote längs aufschneiden und das Mark herauskratzen. Das Vanillemark mit dem Sternanis und den Kardamomkapseln in die Milch geben und kurz aufkochen. Den Topf vom Herd nehmen und beiseitestellen.

4 Die restlichen Eigelbe mit dem weißen Zucker in einer Schüssel schaumig schlagen. Nach und nach die noch warme Gewürzmilch durch ein Sieb zur Eiermasse gießen. Die Masse wieder in den Topf geben und bei schwacher Hitze zur Rose abziehen, d. h., die Flüssigkeit hat die richtige Konsistenz, wenn sich auf einem hineingetauchten Kochlöffel eine Rose bildet. Die Vanillemasse darf nicht kochen.

5 Die Mandeln in einer beschichteten Pfanne ohne Fett anrösten. Die Tartes herausnehmen, die Birnen mit dem braunen Zucker bestreuen und mit dem Flambierbrenner karamellisieren. Die Vanillesauce auf Teller verteilen, die Birnentartes darauf anrichten und mit Mandeln, Pistazien und Zitronenmelisse garnieren. Mit Puderzucker bestäuben.

Kalbsfrikadellen
mit Mozzarella

Zutaten für 2 Personen:

¹/₂ **Brötchen (vom Vortag)**
50 ml lauwarme Milch
2 Schalotten
1 Knoblauchknolle
1 EL getrocknete Tomaten
1 EL Olivenöl
1 EL gehackte Petersilie
30 g Pinienkerne
50 g durchwachsener Speck
200 g Kalbfleisch ・ 1 Ei
Salz ・ Pfeffer aus der Mühle
Chili aus der Gewürzmühle
1 Kugel Büffelmozzarella
(125 g)
50 g Butterschmalz
je 1 Zweig Thymian
und Rosmarin

Zubereitung:

1 Das Brötchen in kleine Würfel schneiden und in der Milch einweichen. Je 1 Schalotte und Knoblauchzehe schälen und mit den getrockneten Tomaten in Würfel schneiden. Das Olivenöl in einer Pfanne erhitzen und die Schalotten-, Knoblauch- und Tomatenwürfel darin andünsten. Die Petersilie unterrühren. Die Pinienkerne in einer beschichteten Pfanne ohne Fett unter Rühren anrösten und dazugeben. Die Gemüsemischung abkühlen lassen.

2 Den Speck und das Kalbfleisch durch die feine Scheibe des Fleischwolfs drehen und mit dem Brötchen mischen. Das Gemüse mit dem Ei zur Hackmasse geben und gut untermischen. Die Masse mit Salz, Pfeffer und Chili würzen und zugedeckt etwas ruhen lassen.

3 Den Mozzarella in Scheiben schneiden. Aus der Hackmasse mithilfe eines Metallrings (8 cm Durchmesser) oder mit angefeuchteten Händen Frikadellen formen. Jeweils 1 Mozzarellascheibe in die Mitte der Frikadelle einarbeiten, sodass die Hackmasse den Käse umschließt.

4 Das Butterschmalz in einer Pfanne erhitzen und die Frikadellen darin auf beiden Seiten langsam anbraten. Die restliche Schalotte und die übrige Knoblauchknolle ungeschält quer halbieren und beides mit den gewaschenen Kräuterzweigen in die Pfanne geben. Die Frikadellen bei mittlerer Hitze fertig garen.

Das Geheimnis dieses Rezepts

Zu diesen mediterranen Frikadellen passen als Beilage auch Nudeln in den italienischen Farben: Dafür 200 g Bandnudeln nach Packungsanweisung bissfest garen. In einer Pfanne 2 EL Butter und 1 EL braunen Zucker leicht karamellisieren. 125 g Cocktailtomaten darin kurz anbraten. Die Nudeln abgießen, abtropfen lassen und zu den Tomaten geben. Kurz durchschwenken, salzen und pfeffern. Einige fein geschnittene Basilikumblätter und 2 EL Butter unterrühren und die Nudeln mit Balsamico bianco mit Basilikum abschmecken.

Geeister Melonenjoghurt mit Beerenröllchen

Zubereitung:

1 Die Hälfte der Gelatine in kaltem Wasser einweichen. Die Melone halbieren, entkernen und schälen. Das Melonenfruchtfleisch klein schneiden. Die Limette heiß waschen, trocken reiben und die Schale fein abreiben, dann die Limette auspressen. Die Melone mit dem Zucker, jeweils der Hälfte des Vanillemarks und der Limettenschale sowie dem Limettensaft im Küchenmixer pürieren.

2 Den Portwein erwärmen. Die Gelatine gut ausdrücken und in dem Portwein auflösen. Das Melonenpüree mit dem Portwein mischen und kühl stellen.

3 Die restliche Gelatine in kaltem Wasser einweichen. Ein Drittel des Joghurts in einem Topf leicht erwärmen, das restliche Vanillemark und den Puderzucker unterrühren. Die Gelatine gut ausdrücken und im Vanillejoghurt auflösen. Den restlichen Joghurt untermischen, die Creme auf Gläser verteilen und 1 Stunde kühl stellen. Anschließend das Melonenpüree darauf verteilen und weitere 30 Minuten kühl stellen.

4 Für die Röllchen das Ei trennen. Den Quark mit dem Vanillezucker, dem Eigelb, der restlichen Limettenschale und dem Paniermehl verrühren. Die Johannisbeeren verlesen, abbrausen und trocken tupfen.

5 Die Ränder der Frühlingsrollenblätter mit dem verquirlten Eiweiß bestreichen. Auf jedem Teigblatt im unteren Drittel längs etwas Quarkcreme verteilen, dabei die Ränder frei lassen. Die Beeren nebeneinander in den Quark drücken, den Teig aufrollen und die seitlichen Enden fest zusammendrücken. Das Öl in einer Pfanne erhitzen und die Beerenröllchen darin rundum knusprig braten. Auf Küchenpapier abtropfen lassen. Den Melonenjoghurt mit Himbeeren und Minze garnieren und mit den Beerenröllchen servieren.

Das Geheimnis dieses Rezepts

Gelatine ist leichter zu verarbeiten, als man denkt: Man muss die Blätter oder das Pulver zunächst in kaltem Wasser einweichen und dann in warmer, nicht zu heißer Flüssigkeit auflösen.

Zutaten für 2 Personen:

4 Blatt weiße Gelatine
1 kleine reife Charentais-Melone
1 unbehandelte Limette
2 EL Zucker
Mark von 1 Tahiti-Vanilleschote
30 ml weißer Portwein
200 g Naturjoghurt
2 EL Puderzucker
1 Ei · 70 g Magerquark
1 TL Vanillezucker de Tahiti
1 EL Paniermehl
100 g Johannisbeeren
(oder Heidelbeeren)
2 Blätter Frühlingsrollenteig
(aus dem Kühlregal)
5 EL Öl
10 Himbeeren (gewaschen)
einige Minzeblätter

Erbsensuppe
mit Minze und Schmand

von Henning Zimmermann

Zutaten für 2 Personen:

400 g Erbsen (tiefgekühlt) ● 1 Zwiebel ● 50 g Butter ● 2 TL Instant-Gemüsebrühe ● Salz ● Pfeffer aus der Mühle ● Saft von $1/2$ Zitrone 100 g Sahne ● 3 Stiele Minze ● ca. 5 EL Schmand

Zubereitung:

1 Die Erbsen antauen lassen. Die Zwiebel schälen und in kleine Würfel schneiden. Die Butter in einem Topf erhitzen und die Zwiebelwürfel darin bei schwacher Hitze andünsten. Die angetauten Erbsen dazugeben und kurz mitdünsten.

2 In einem zweiten Topf 750 ml Wasser erhitzen und das Brühpulver darin auflösen. Die Erbsen und Zwiebelwürfel dazugeben und bei mittlerer Hitze etwa 13 Minuten köcheln lassen.

3 Nach 5 Minuten Garzeit 6 EL Erbsen aus dem Topf nehmen und beiseitestellen. Am Ende der Garzeit die Suppe mit dem Stabmixer pürieren und mit Salz, Pfeffer und Zitronensaft abschmecken. Die Sahne unterrühren und alles 3 Minuten köcheln lassen.

4 Die Minze waschen, trocken schütteln und die Blätter abzupfen. Etwa ein Drittel der Minzeblätter mit 3 EL Schmand in einen hohen Rührbecher geben, mit dem Stabmixer pürieren und zum Schluss unter die Suppe rühren.

5 Die restlichen Minzeblätter in Streifen schneiden. Die Suppe auf tiefe Teller verteilen und die beiseitegestellten Erbsen unterrühren. Je 1 EL Schmand daraufgeben und die Suppe mit den Minzestreifen garniert servieren.

Auberginen
»Sultan Bayildi im Harem«

von Klaus Richter

Bewertung

Ist das hier ein Horst-Lichter-Gericht? Ziemlich gewagt, aber nicht schlecht, nicht schlecht!

Steffen Henssler

Zutaten für 2 Personen:

1 Aubergine • Salz • 2–3 EL Olivenöl • 1 Ei • 1 EL Sahne 150 g Paniermehl • 250 g Ziegenkäse (am Stück) • Pfeffer aus der Mühle • 300 g gekochter Schinken (in Scheiben) • Öl zum Frittieren • 250 g kleine Tintenfische (küchenfertig; z. B. Sepien) 1 EL Mehl • 10 getrocknete Datteln • 10 Walnusskerne • 1 unbehandelte Zitrone

Zubereitung:

1 Die Aubergine putzen, waschen und der Länge nach in etwa 1/2 cm dicke Scheiben schneiden. Die Auberginenscheiben leicht mit Salz würzen. Das Olivenöl portionsweise in einer Pfanne erhitzen und die Auberginen darin nacheinander auf beiden Seiten goldbraun braten. Aus der Pfanne nehmen und auf Küchenpapier abtropfen lassen.

2 Das Ei mit der Sahne in einem tiefen Teller verquirlen. Das Paniermehl ebenfalls in einen tiefen Teller geben. Den Ziegenkäse in Würfel schneiden.

3 Den Backofen auf 80 °C vorheizen. Die Auberginenscheiben mit Pfeffer und, falls nötig, Salz würzen. Mit dem Schinken belegen, die Ziegenkäsewürfel darauf verteilen und die Auberginenscheiben aufrollen. Nach Belieben mit kleinen Holzspießen feststecken. Die Auberginenröllchen durch die Ei-Sahne-Mischung ziehen und im Paniermehl wenden. Das Öl in der Fritteuse oder in einem Topf auf 180 °C erhitzen und die Röllchen darin goldbraun ausbacken. Auf Küchenpapier abtropfen lassen und im Ofen warm halten.

4 Die Tintenfische waschen und trocken tupfen. Mit Salz würzen und mit dem Mehl bestäuben. Die Tintenfische in dem heißen Fett ebenfalls goldbraun ausbacken.

5 Die Datteln längs aufschneiden und die Kerne entfernen. Die Datteln mit den Walnüssen füllen.

6 Die Auberginenröllchen mit den gefüllten Datteln und den Tintenfischen auf Tellern anrichten. Die Zitrone heiß waschen, trocken reiben, halbieren und je 1 Hälfte zu den Auberginen servieren.

Curry-Pfannkuchen mit Ananas

von Henning Zimmermann

Zutaten für 2 Personen:

100 g Mehl ● je 1 TL Salz und Zucker ● 125 ml Milch ● 2 Eier 125 ml Mineralwasser ● 1 Zwiebel ● 1 Knoblauchzehe ● 1 EL Olivenöl ● 250 g Rinderhackfleisch ● 1 TL Currypulver ● 1 TL getrockneter Estragon ● getrockneter Rosmarin ● 2 EL Sojasauce 3 EL Sahne ● 1 EL Öl ● 1/2 Ananas ● 2 EL saure Sahne

Zubereitung:

1 Das Mehl mit dem Salz und dem Zucker in einer Schüssel mischen. Die Milch langsam unterrühren und die Eier hinzufügen. Das Mineralwasser dazugießen und alles mit den Quirlen des Handrührgeräts zu einem glatten Teig verrühren. Den Teig 10 Minuten quellen lassen.

2 Die Zwiebel und den Knoblauch schälen und in kleine Würfel schneiden. Das Olivenöl in einer Pfanne erhitzen und das Hackfleisch darin unter Rühren bei mittlerer Hitze krümelig braten. Die Zwiebel- und Knoblauchwürfel hinzufügen und kurz mitbraten.

3 Das Currypulver, den Estragon und 1 Prise Rosmarin zum Hackfleisch geben, die Sojasauce und die Sahne hinzufügen und alles gut mischen. Den Backofen auf 80 °C vorheizen.

4 Das Öl in einer weiteren Pfanne erhitzen. Mit dem Schöpflöffel den Teig portionsweise in die Pfanne geben und auf beiden Seiten zu dünnen, goldbraunen Pfannkuchen backen. Die fertigen Pfannkuchen sofort mit je 2 EL Curryhackfleisch füllen, aufrollen und auf einen ofenfesten Teller legen. Die Röllchen mit Alufolie bedecken und im Ofen warm halten.

5 Die Ananas putzen, schälen und den Strunk entfernen. Das Ananasfruchtfleisch in kleine Stücke schneiden. Je 2 Pfannkuchen mit Ananasstücken und jeweils 1 EL saurer Sahne auf Tellern anrichten.

Profi-Tipp
von Alfons Schuhbeck

➤➤ Beim Pfannkuchenbacken ist es besonders wichtig, dass Sie zunächst das Mehl mit der Milch verrühren und erst dann die Eier hinzufügen – ansonsten bilden sich Klümpchen im Teig. Mancher empfiehlt, 1 Schuss Mineralwasser in den Teig zu geben, damit dieser beim Backen leicht und locker wird. Ich dagegen schwöre auf 2 bis 3 EL braune Butter im Pfannkuchenteig: Dafür einfach die Butter bei milder Hitze zerlassen und erhitzen, bis sie goldbraun ist. Mit ihrem nussigen Aroma gibt sie den Pfannkuchen einen besonderen Touch. ◀◀

Bewertung

Sehr stimmig, das passt gut zusammen. Ich würde mir vielleicht noch eine Sauce dazu wünschen.

Kolja Kleeberg

Pasta asciutta
mit Curry und Parmesan

von Klaus Richter

Profi-Tipp
von Alfons Schuhbeck

» Von nichts kommt nichts, deshalb sollte man beim Nudelnkochen auf keinen Fall am Salz sparen. Als Faustregel gilt: 1 gestr. EL Salz auf 1 l Wasser – und weil die Pasta schwimmen will, rechnet man 1 l Wasser pro 100 g Nudeln. Stellen Sie sich vor, Sie würden einen kräftigen Schluck Meerwasser trinken, so salzig sollte das Nudelwasser schmecken. «

Bewertung

Die Sauce ist lecker! Da hat einer schon mal in der Feinkostabteilung eingekauft.

Kolja Kleeberg

Zutaten für 2 Personen:

250 g Spaghetti • Salz • 400 g Zwiebeln • 1–2 EL Olivenöl 400 g gemischtes Hackfleisch • 200 g Tomatenmark • 2 EL Paprikapulver (edelsüß) • 400 ml Rinderbrühe • Pfeffer aus der Mühle 1 TL Currypulver • 1 TL gemahlener Kümmel • 1 Knoblauchknolle je 1 Zweig Majoran und Thymian • 1/2 unbehandelte Zitrone ca. 30 g Parmesan (am Stück)

Zubereitung:

1 Die Spaghetti nach Packungsanweisung in reichlich kochendem Salzwasser bissfest garen.

2 Die Zwiebeln schälen und in kleine Würfel schneiden. Das Olivenöl in einer Pfanne erhitzen und die Zwiebelwürfel darin andünsten. Das Hackfleisch hinzufügen und unter Rühren krümelig braten.

3 Das Tomatenmark und das Paprikapulver unterrühren und kurz mitbraten. Mit der Brühe ablöschen und mit Salz, Pfeffer, Currypulver und Kümmel abschmecken.

4 Die ungeschälte Knoblauchknolle mit 100 ml Wasser im Küchenmixer pürieren. Das Knoblauchpüree durch ein feines Sieb streichen, zur Sauce in die Pfanne geben und alles kurz aufkochen lassen.

5 Die Kräuterzweige waschen und trocken schütteln, die Blätter abzupfen und fein hacken. Die Zitronenhälfte heiß waschen, trocken reiben und etwas Schale fein abreiben. Die Kräuter und die Zitronenschale unter die Sauce rühren und kurz ziehen lassen.

6 Den Parmesan fein reiben. Die Spaghetti in ein Sieb abgießen und kurz abtropfen lassen. Die Pasta mit der Hackfleischsauce in tiefen Tellern anrichten und mit dem Parmesan bestreuen.

Gebratener Lachs auf roten Linsen mit Spinat

von Henning Zimmermann

Zutaten für 2 Personen:

750 ml Gemüsebrühe ● 3 große festkochende Kartoffeln ● 2 Möhren 1 Bund Petersilie ● 2 Stiele Estragon ● 200 g rote Linsen ● Salz Pfeffer aus der Mühle ● 300 g Blattspinat ● 2 Knoblauchzehen 2–3 EL Olivenöl ● 2 Lachsfilets (à 150 g; küchenfertig, ohne Haut) 1 unbehandelte Limette

Zubereitung:

1 Die Brühe in einem Topf zum Kochen bringen. Die Kartoffeln schälen, waschen und in kleine Würfel schneiden. Die Möhren putzen, schälen und ebenfalls in kleine Würfel schneiden. Das Gemüse in der heißen Brühe etwa 15 Minuten garen.

2 Petersilie und Estragon waschen und trocken schütteln, die Blätter abzupfen und fein hacken. Das Gemüse in ein Sieb abgießen, abtropfen lassen, mit den Käutern mischen und warm halten.

3 Die roten Linsen mit 200 ml Wasser in einem weiteren Topf zum Kochen bringen und bei schwacher Hitze etwa 10 Minuten garen. Die Linsen in ein Sieb abgießen, abtropfen lassen und mit Salz und Pfeffer würzen.

4 Den Spinat verlesen, waschen und trocken schleudern, grobe Stiele entfernen. Den Knoblauch schälen und in kleine Würfel schneiden. In einer Pfanne 1 EL Olivenöl erhitzen und den Spinat darin mit der Hälfte des Knoblauchs zusammenfallen lassen. Bei schwacher Hitze 5 Minuten ziehen lassen. Nach Belieben mit dem Kartoffel-Möhren-Gemüse mischen.

5 Die Lachsfilets waschen und trocken tupfen. Das restliche Olivenöl in einer weiteren Pfanne erhitzen und die Fischfilets mit dem restlichen Knoblauch darin bei mittlerer Hitze auf beiden Seiten jeweils etwa 1 Minute anbraten. Dann die Temperatur herunterschalten und die Filets weitere 5 Minuten gar ziehen lassen.

6 Die Limette heiß waschen, trocken reiben und in Spalten schneiden. Den Lachs mit dem Gemüse und den roten Linsen auf Tellern anrichten und mit den Limettenspalten servieren.

Sepia à la plancha
mit Kartoffeln und Paprika

von Klaus Richter

Profi-Tipp
von *Alfons Schuhbeck*

» Kartoffeln stehen nach wie vor ganz oben auf der Liste der beliebtesten Beilagen, und das nicht nur in Deutschland. Die »Erdäpfel« sollten Sie möglichst in der Schale kochen, damit die wertvollen Inhaltsstoffe wie Vitamin C, Kalium und Zink nicht an das Kochwasser abgegeben werden und somit verloren gehen. «

Bewertung

Die Tintenfische sind schön zart, die Sauce ist nicht zu scharf. Vielleicht ist überall ein bisschen viel Knoblauch drin...

Steffen Henssler

Zutaten für 2 Personen:

250 g kleine festkochende Kartoffeln • Salz • 2 Zwiebeln • 3 Knoblauchzehen • 2 rote Paprikaschoten • 3–4 EL Olivenöl • 1 Zweig Thymian • 1 TL ganzer Kümmel • 4 Sepien (kleine Tintenfische; à ca. 80 g; küchenfertig) • 100 g Butter • 1 Stiel Petersilie 1 unbehandelte Zitrone

Zubereitung:

1 Die Kartoffeln gründlich waschen und mit der Schale in kochendem Salzwasser etwa 20 Minuten garen.

2 Die Zwiebeln und 2 Knoblauchzehen schälen und in kleine Würfel schneiden. Die Paprikaschoten mit dem Sparschäler schälen, längs vierteln, entkernen und waschen. In einer Pfanne 1 bis 2 EL Olivenöl erhitzen und die Hälfte der Zwiebel- und Knoblauchwürfel mit den Paprikavierteln darin weich schmoren.

3 Die Kartoffeln abgießen. In einer weiteren Pfanne 1 EL Olivenöl erhitzen und die Kartoffeln in der Schale darin schwenken. Die restlichen Zwiebel- und Knoblauchwürfel dazugeben. Den Thymian waschen und trocken schütteln, die Blätter abzupfen und fein hacken. Mit dem Kümmel unter die Kartoffeln mischen.

4 Den restlichen Knoblauch schälen und in kleine Würfel schneiden. Die Sepien waschen und trocken tupfen. Das übrige Olivenöl in einer weiteren Pfanne erhitzen und die Sepien darin auf beiden Seiten leicht anbraten. Den Knoblauch und die Butter hinzufügen und die Sepien auf beiden Seiten goldbraun braten, dabei immer wieder mit dem Bratfett begießen.

5 Die Petersilie waschen und trocken schütteln, die Blätter abzupfen und fein hacken. Die Zitrone heiß waschen, trocken reiben und halbieren. Die Sepien, die Kartoffeln und die Paprika auf Tellern anrichten, mit den Zitronenhälften und der Petersilie bestreut servieren.

Geschnetzeltes vom Hähnchen mit Pilz-Sahne-Sauce

von Henning Zimmermann

Zutaten für 2 Personen:

2 ½ EL Öl • Salz • 125 g Basmatireis • 1 TL Currypulver • 1 kleiner Brokkoli • 1 Zwiebel • 1 Knoblauchzehe • 200 g Champignons 300 g Hähnchenbrustfilet • 1 TL getrockneter Estragon • 1 TL Kräuter der Provence • 2 Fleischtomaten • 3 EL Sojasauce • 200 g Sahne Pfeffer aus der Mühle

Zubereitung:

1 In einem Topf 1 EL Öl mit 1 TL Salz erhitzen. Den Reis und das Curry-pulver hinzufügen und bei mittlerer Hitze unter Rühren andünsten. Dann 350 ml Wasser dazugießen und alles aufkochen lassen. Mit einem Kochlöffel umrühren und den Reis zugedeckt bei schwacher Hitze 15 bis 20 Minuten garen.

2 Den Brokkoli putzen, waschen und in die einzelnen Röschen teilen. In kochendem Salzwasser 8 Minuten garen. Dann in ein Sieb abgie-ßen und abtropfen lassen.

3 Die Zwiebel und den Knoblauch schälen und in kleine Würfel schnei-den. Die Champignons putzen, trocken abreiben und in Scheiben schneiden. Das Hähnchenbrustfilet waschen, trocken tupfen und in Streifen schneiden.

4 In einer Pfanne 1 EL Öl erhitzen, die Zwiebel und den Knoblauch darin andünsten. Das Hähnchenfleisch dazugeben und rundum gold-braun braten. Die Champignons hinzufügen und das Geschnetzelte mit Estragon und den Kräutern der Provence würzen.

5 Die Tomaten kreuzweise einritzen, überbrühen, kalt abschrecken, häuten, vierteln und entkernen. Das Fruchtfleisch in kleine Würfel schneiden. Die Tomaten in einer beschichteten Pfanne ohne Fett erhitzen. Mit der Sojasauce ablöschen, die Sahne dazugießen und die Sauce mit Salz und Pfeffer abschmecken.

6 Zwei Tassen mit dem restlichen Öl einpinseln, den Reis hineingeben, etwas festdrücken und auf Teller stürzen. Das Hähnchengeschnet-zelte mit der Sauce und den Brokkoli daneben anrichten.

Profi-Tipp

von Alfons Schuhbeck

» Wegen der Salmonellengefahr sollten Sie Geflügel vor der Ver-wendung gründlich waschen und trocken tupfen und auch alle Küchengeräte, die mit dem Fleisch in Berührung gekommen sind, gut säubern. Das Hähnchen-geschnetzelte sollte zwar gut durchgegart sein, aber trotzdem saftig bleiben. Deswegen das fettarme Geflügelfleisch nur bei schwacher Hitze und nicht zu lange garen. «

Bewertung

Basmati, Curry – das hat was, auf alle Fälle! Das Gericht ist sehr harmonisch und stimmig.

Kolja Kleeberg

Mango-Hähnchenbrust im Cornflakes-Mantel

von Klaus Richter

Zutaten für 2 Personen:

300 g mehlig kochende Kartoffeln ● Salz ● 2 Hähnchenbrustfilets (à 200 g) ● 125 g Mozzarella ● 1 Mango ● Pfeffer aus der Mühle 1 Ei ● 200 g Cornflakes ● 1 EL Mehl ● 3–4 EL Öl ● 300 g Rosenkohl 2 1/2 EL Butter ● 250 ml Milch ● 2 EL Sahne ● frisch geriebene Muskatnuss ● 2–3 Stiele Petersilie

Zubereitung:

1 Die Kartoffeln schälen, waschen und in kochendem Salzwasser etwa 25 Minuten garen. Die Hähnchenbrustfilets waschen und trocken tupfen, mit einem scharfen Messer jeweils eine Tasche in die Hähnchenfilets schneiden.

2 Den Mozzarella in kleine Stücke schneiden. Die Mango schälen, das Fruchtfleisch zunächst in breiten Streifen vom Stein und dann klein schneiden. Die Hähnchenbrustfilets mit den Mozzarella- und Mangostücken füllen und das Fleisch mit Salz und Pfeffer würzen.

3 Das Ei in einem tiefen Teller verquirlen. Die Cornflakes etwas zerkleinern und ebenso wie das Mehl in einen tiefen Teller geben. Die gefüllten Hähnchenbrustfilets zunächst vorsichtig im Mehl wenden, dann durch das Ei ziehen und zuletzt mit den Cornflakes panieren. Das Öl in einer Pfanne erhitzen und die panierten Hähnchenbrustfilets darin bei mittlerer Hitze auf beiden Seiten 8 Minuten goldbraun braten.

4 Den Rosenkohl putzen und waschen. In einem weiteren Topf in kochendem Salzwasser etwa 10 Minuten bissfest garen. In ein Sieb abgießen und abtropfen lassen. Die Butter in einer zweiten Pfanne erhitzen und den Rosenkohl darin schwenken.

5 Die Kartoffeln abgießen, kurz ausdampfen lassen und mit dem Kartoffelstampfer etwas zerdrücken. Die Milch und die Sahne mit den Quirlen des Handrührgeräts unterrühren und das Kartoffelpüree mit Salz und Muskatnuss abschmecken. Die Petersilie waschen und trocken schütteln, die Blätter abzupfen und fein hacken.

6 Die Mango-Hähnchenbrüste und den Rosenkohl auf Tellern anrichten. Das Püree in einen Spritzbeutel mit großer Sterntülle füllen und auf die Teller spritzen. Mit gehackter Petersilie bestreut servieren.

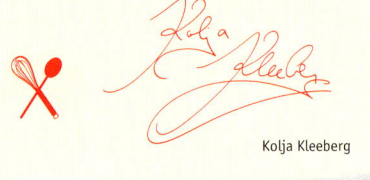

Apfel-Sahnejoghurt mit Amarettini

von Henning Zimmermann

Profi-Tipp
von *Alfons Schuhbeck*

» Statt mit Amarettini können Sie das Dessert auch mit selbst gemachten Mandelhippen schichten: Dafür je 3 EL Puderzucker, Mehl und flüssige Butter mit 1 Eiweiß und 1 Prise Zimtpulver verrühren. Den Teig in 4 Portionen teilen und auf einem gefetteten Backblech zu Kreisen ausstreichen. Bei 200 °C im Backofen etwa 5 Minuten hell backen. Das Kompott und den Joghurt mit den abgekühlten Hippen auf Dessertteller schichten. «

Zutaten für 2 Personen:

200 g griechischer Sahnejoghurt ● 1–2 EL Zucker ● 100 g Amarettini (ital. Mandelmakronen) ● 8 EL Apfelkompott (aus dem Glas)

Zubereitung:

1 Den Sahnejoghurt in einer Schüssel mit dem Schneebesen glatt rühren und nach Geschmack mit Zucker süßen.

2 Die Amarettini in einen Gefrierbeutel geben, die Luft herausdrücken und den Beutel verschließen. Die Mandelmakronen mit dem Nudelholz grob zerstoßen.

3 Das Apfelkompott, den Joghurt und die Amarettini abwechselnd in Gläser schichten und das Dessert nach Belieben durch ein feines Sieb leicht mit Kakaopulver bestäuben.

Bewertung

Hm, das ist aber lecker! Das passt gut.

Steffen Henssler

Himbeere in Litschi
mit Zimteis und Schokosahne

von Klaus Richter

Zutaten für 2 Personen:

50 g Zartbitterschokolade (70 % Kakaoanteil) ● 50 g Sahne
125 g Litschis ● 125 g Himbeeren ● 125 g Zimteis (Fertigprodukt)

Zubereitung:

1 Die Schokolade grob hacken und in einer Metallschüssel im heißen Wasserbad unter Rühren schmelzen lassen. Die Sahne unterrühren und die Schoko-Sahne-Mischung mit den Quirlen des Handrührgeräts cremig schlagen.

2 Die Litschis schälen, die Kerne entfernen und die Litschis mit der Öffnung nach oben kreisförmig auf Dessertteller setzen. Die Himbeeren kalt abbrausen und trocken tupfen. In jede Litschi 1 Himbeere geben. In die Mitte der Litschikreise je 1 große Kugel Zimteis auf die Teller setzen.

3 Vor dem Servieren die Schokosahne in feinen Streifen vorsichtig über die Früchte und das Eis träufeln.

Profi-Tipp

von Alfons Schuhbeck

» Zimt ist eines meiner Lieblingsgewürze – man sollte ihn häufiger auch außerhalb der Weihnachtszeit einsetzen. In feiner Dosierung eignet er sich auch für viele herzhafte Gerichte, vor allem wenn Tomaten enthalten sind. Sie können die Schokosahne auch noch fein aromatisieren: Dafür $1/4$ aufgeschnittene Vanilleschote und 1 Scheibe Ingwer mit in die Schüssel geben, in der geschmolzenen Schokolade ein paar Minuten ziehen lassen und dann wieder entfernen. «

Bewertung

Das sieht aus wie so eine Geburtstagstorte. Eis – selbst gemacht, in 35 Minuten (Zwinker)? Respekt, wer auch immer das war.

Steffen Henssler

Hendlgeschnetzeltes in Senfsauce mit Brokkoli

Zutaten für 2 Personen:

350 g Brokkoli · Salz
130 ml Gemüsebrühe
2 TL Butter
2 TL braune Butter
(siehe Tipp S. 91)
Pfeffer aus der Mühle
frisch geriebene Muskatnuss
100 g Sahne
2 EL scharfer Senf
2 EL süßer Senf
1 EL kalte Butter
Chilisalz
1 Msp. abgeriebene unbehandelte Orangenschale
250 g Hähnchenbrustfilet
1 EL Öl

Zubereitung:

1 Den Brokkoli putzen, waschen, in die einzelnen Röschen teilen und in kochendem Salzwasser 8 Minuten bissfest garen. In ein Sieb abgießen, kalt abschrecken und abtropfen lassen.

2 Den Brokkoli mit 3 EL Brühe in einen Topf geben und mit der Butter und der braunen Butter erhitzen. Mit Salz, Pfeffer und etwas Muskatnuss würzen. Den Brokkoli warm halten.

3 Für die Sauce die restliche Brühe mit der Sahne in einem kleinen Topf aufkochen lassen. Den scharfen und den süßen Senf unterrühren. Die kalte Butter unterrühren und die Senfsauce mit Chilisalz, der Orangenschale und Muskatnuss abschmecken.

4 Das Hähnchenbrustfilet waschen und trocken tupfen. Das Filet längs halbieren und schräg in lange Streifen schneiden. Das Öl in einer Pfanne erhitzen und die Hähnchenstreifen darin 3 Minuten rundum anbraten. Mit Chilisalz würzen und in die Sauce geben. Die Senfsauce nicht mehr kochen lassen.

5 Das Geschnetzelte mit der Sauce auf Tellern anrichten und die Brokkoliröschen darauf verteilen.

Das Geheimnis dieses Rezepts

Besonders zart wird das Hähnchenfleisch, wenn Sie es nicht in der Pfanne braten, sondern 2 Minuten in 90 °C heißem Salzwasser pochieren. Mit dem Schaumlöffel herausnehmen, auf Küchenpapier abtropfen lassen und anschließend mit der Senfsauce mischen.

Tiramisu
mit Gewürzkaffee

Zubereitung:

1 Das Ei trennen. Das Eigelb mit der Hälfte des Puderzuckers in einer Metallschüssel im heißen Wasserbad mit den Quirlen des Handrührgeräts schaumig schlagen.

2 Den Mascarpone in einer Schüssel mit dem Amaretto glatt rühren. Die Sahne halb steif schlagen.

3 Das Eiweiß zu einem festen Schnee schlagen, dabei den restlichen Puderzucker einrieseln lassen. Die Sahne und den Eischnee locker unter die Eigelbmasse mischen. Dann die Eiermischung nach und nach unter die Mascarponemasse ziehen.

4 Den Kaffee mit dem Arabischen Kaffeegewürz würzen und nach Belieben mit 1 cl Rum verfeinern. Die Löffelbiskuits in der Kaffeemischung tränken und abwechselnd mit der Mascarponecreme in 2 rechteckige Schälchen oder 1 eckige Form schichten. Das Tiramisu im Kühlschrank mehrere Stunden durchziehen lassen. Zum Servieren durch ein feines Sieb mit Gewürzkakaozucker bestäuben.

Das Geheimnis dieses Rezepts

Der Clou an diesem Rezept ist das Arabische Kaffeegewürz. Es besteht aus Zimt, Gewürznelken, Kardamom, Vanille, Piment und Muskatnuss und gibt dem Kaffee ein herrliches orientalisches Aroma. Der italienische Dessertklassiker bekommt so eine ganz neue, überraschende Note.

Zutaten für 2 Personen:

1 Ei · 3 EL Puderzucker
125 g Mascarpone
1 EL Amaretto
(ital. Mandellikör)
50 g Sahne
150 ml lauwarmer,
starker Kaffee
1 TL Schuhbecks Arabisches
Kaffeegewürz (siehe links)
100 g Löffelbiskuits
1–2 EL Gewürzkakaozucker
(Fertigprodukt; ersatzweise
je 1 EL Zucker und Kakao-
pulver mit 1 Prise Lebkuchen-
gewürz gemischt)

»Verheiratete mit Bettsejer-Salat«

von Matthias Wagner

Profi-Tipp

von **Kolja Kleeberg**

>> Vom Löwenzahn sollten Sie nur die jungen Blätter verwenden, denn sie enthalten weniger Bitterstoffe. Auf vielen Märkten wird inzwischen auch gezüchteter Löwenzahn angeboten. Es gibt einen simplen Trick, wie man bitteren Salaten, also z. B. auch Chicorée oder Endivie, die Bitterstoffe entziehen kann: Die Blätter einfach in lauwarmes Wasser legen. «

Bewertung

Hm, das schmeckt. Löwenzahnsalat ist nicht einfach zu machen. Die Klöße sind genau richtig, nicht verpatzt und nicht so teigig. Das ist okay – das Gericht ist weiter.

Alfons Schuhbeck

Zutaten für 2 Personen:

4 festkochende Kartoffeln • Salz • 4 Eier • 250 g Mehl • 150 ml Mineralwasser • 1 Bund Petersilie • Pfeffer aus der Mühle • frisch geriebene Muskatnuss • 500 g junger Löwenzahn • 4 EL Olivenöl 150 g Katenschinken (in Würfeln) • ca. 150 g Sahne • 1 Zwiebel 1 Knoblauchzehe • 6 EL Essig

Zubereitung:

1 Die Kartoffeln schälen, waschen und längs in Spalten schneiden. In einem Topf in kochendem Salzwasser etwa 25 Minuten garen. Die Kartoffeln abgießen, gut abtropfen lassen und zugedeckt warm halten. Zwei Eier hart kochen, kalt abschrecken und pellen.

2 Die restlichen Eier mit dem Mehl und dem Mineralwasser in einer Schüssel zu einem zähen Teig verrühren. Die Petersilie waschen und trocken schütteln, die Blätter abzupfen und – bis auf einige für die Deko – fein hacken. Den Kloßteig mit Salz, Pfeffer, Muskatnuss und der gehackten Petersilie würzen.

3 Aus dem Teig mit einem Esslöffel Klöße formen und in kochendem Wasser einige Minuten garen, bis sie an der Oberfläche schwimmen. Die Klöße herausheben und zugedeckt warm halten.

4 Den Löwenzahn verlesen, waschen und die groben Stiele entfernen. Die Blätter in mundgerechte Stücke zupfen und in eine Schüssel mit lauwarmem Wasser legen, um die Bitterstoffe auszuwaschen. Die Löwenzahnblätter anschließend trocken schleudern.

5 In einer Pfanne 2 EL Olivenöl erhitzen und den Schinken darin knusprig braten, nach Belieben 2 EL Butter hinzufügen. Etwa die Hälfte der Schinkenwürfel aus der Pfanne nehmen und beiseitestellen. Den restlichen Schinken mit der Sahne ablöschen, kurz aufkochen lassen und mit Salz und Pfeffer würzen.

6 Die Zwiebel und den Knoblauch schälen und ebenso wie die hart gekochten Eier in Würfel schneiden. Mit dem Essig, dem restlichen Olivenöl und etwas Wasser mischen. Das Dressing mit Salz und Pfeffer würzen und über den Löwenzahn geben. Den beiseitegestellten Schinken über den Salat streuen. Die Kartoffeln, die Knödel und den Löwenzahnsalat auf Tellern anrichten und die Schinkensauce darübergeben. Mit Petersilie garnieren.

Panierter Kabeljau mit Kartoffeln und Sauce tartare

von Wolfgang Mertel

Zutaten für 2 Personen:

500 g rotschalige festkochende Kartoffeln ● Salz ● 1 Zitrone
4 Eier ● 4 kleine Pfeffergurken ● 5 EL Mayonnaise ● 2 TL scharfer
Senf ● Pfeffer aus der Mühle ● 2 Kabeljaufilets (à 300 g; küchenfertig, ohne Haut) ● 4 EL Sahne ● 100 g Mehl ● 100 g Paniermehl
1–2 EL Öl ● 90 g Butter ● 3 Stiele Petersilie

Zubereitung:

1 Die Kartoffeln schälen, waschen und in einem Topf in kochendem Salzwasser etwa 25 Minuten garen.

2 Die Zitrone auspressen. Zwei Eier hart kochen, kalt abschrecken, pellen und in kleine Würfel schneiden. Die Gurken abtropfen lassen und ebenfalls in kleine Würfel schneiden. Die Eier- und Gurkenwürfel unter die Mayonnaise mischen. Den Senf unterrühren und die Sauce tartare mit Salz, Pfeffer und etwas Zitronensaft abschmecken.

3 Die Kabeljaufilets waschen, trocken tupfen und mit Zitronensaft beträufeln. Die Filets mit Salz und Pfeffer würzen. Die restlichen Eier in einem tiefen Teller mit der Sahne und etwas Salz und Pfeffer verquirlen. Das Mehl und das Paniermehl ebenfalls in tiefe Teller geben. Die Fischfilets zuerst im Mehl wenden, dann durch die Eiermischung ziehen und zuletzt mit dem Paniermehl panieren.

4 Das Öl und 3 EL Butter in einer Pfanne erhitzen und die panierten Fischfilets darin bei mittlerer Hitze auf beiden Seiten kurz anbraten. Dann die Hitze reduzieren und die Filets in der Pfanne noch einige Minuten gar ziehen lassen.

5 Die Kartoffeln abgießen und kurz ausdampfen lassen. Die restliche Butter in einer Pfanne erhitzen und die gekochten Kartoffeln darin schwenken. Mit Salz und Pfeffer würzen.

6 Die Petersilie waschen und trocken schütteln, die Blätter abzupfen und fein hacken. Fischfilets mit den Kartoffeln auf Tellern anrichten, mit der Petersilie bestreuen und die Sauce tartare dazu servieren.

Profi-Tipp
von **Kolja Kleeberg**

》 Die Sauce tartare ist ein Klassiker zu Fisch und Fleisch. Man kann die Sauce mit Mayo aus dem Glas zubereiten – noch mehr Geschmack bekommt sie aber mit selbst gemachter Mayonnaise: Dafür 1 sehr frisches Ei in einen hohen Rührbecher geben, mit dem Stabmixer verrühren und 100 ml neutrales Öl in dünnem Strahl dazugießen. So lange rühren, bis die Mayonnaise cremig ist. Mit Salz, Pfeffer, Zitronensaft und Senf abschmecken. 《

Bewertung

Der Fisch ist schön glasig – er glänzt wie Harry. Der ist wirklich liebevoll gebraten.

Alfons Schuhbeck

Safranfisch im Pergamentpäckchen

von Anne Reschke

Zutaten für 2 Personen:

2 Stangen Staudensellerie • 2 TL Zucker • 1 EL Butter • 2 cl Noilly Prat (franz. Wermut) • 1 Msp. Safranfäden • Fleur de Sel • Pfeffer aus der Mühle • 1 Knoblauchzehe • 1/2 Bund Basilikum • je 1 unbehandelte Zitrone und Orange • 5 EL Olivenöl • 2 Kabeljaufilets (à 180 g; küchenfertig, ohne Haut) • Salz • 250 g ausgelöstes Miesmuschelfleisch

Zubereitung:

1 Den Staudensellerie putzen, waschen und in Stücke schneiden. Den Zucker in einem Topf karamellisieren und die Butter unterrühren. Mit 30 ml Wasser und dem Noilly Prat ablöschen. Die Selleriestücke dazugeben, den Safran unterrühren und mit Fleur de Sel und Pfeffer abschmecken. Den Sellerie-Safran-Sud 5 Minuten köcheln lassen.

2 Den Knoblauch schälen und in kleine Würfel schneiden. Das Basilikum waschen, trocken schütteln und die Blätter abzupfen. Einige Blätter für die Deko beiseitelegen, den Rest fein hacken und mit dem Knoblauch unter den Sellerie-Safran-Sud rühren.

3 Den Backofen auf 200 °C vorheizen. Die Zitrone und die Orange heiß waschen, trocken reiben und jeweils ein Viertel der Schale mit dem Sparschäler abziehen. Die Schalen in feine Würfel schneiden und in kochendem Wasser 5 Minuten blanchieren. In ein Sieb abgießen und abtropfen lassen.

4 Zwei Bogen weißes Pergamentpapier (à 40 x 40 cm) mit Olivenöl bestreichen. Die Kabeljaufilets waschen, trocken tupfen und horizontal halbieren. Mit den Zitrusschalen bestreuen und mit Salz und Pfeffer würzen. Das Muschelfleisch waschen und trocken tupfen.

5 Jeweils etwas Sellerie-Safran-Sud auf das Pergamentpapier geben. Die unteren Hälften des Kabeljaus darauflegen, das Muschelfleisch darauf verteilen und mit den restlichen Filethälften bedecken. Die Fischpäckchen mit einigen EL Selleriesud und je 1 EL Olivenöl beträufeln. Das Papier darüberfalten, die Enden wie ein Bonbon zusammennehmen und mit Küchengarn zubinden. Auf ein Backblech setzen und im Ofen auf der mittleren Schiene 10 Minuten garen.

6 Den Safranfisch im Pergamentpäckchen aus dem Ofen nehmen, öffnen und mit den beiseitegelegten Basilikumblättern garnieren.

Rotbarschfilet in Walnusspanade

von Matthias Wagner

Zutaten für 2 Personen:

500 g kleine festkochende Kartoffeln ● Salz ● schwarzer Pfeffer aus der Mühle ● 4 EL Olivenöl ● 2 Knoblauchzehen ● 2 Schalotten ● ½ Bund Oregano ● 2 Rotbarschfilets (à 180 g; küchenfertig, ohne Haut) ● 2 unbehandelte Zitronen ● 3 EL Paniermehl ● 30 g gemahlene Walnüsse ● 2 Eier ● weißer Pfeffer aus der Mühle ● 100 g Mehl ● 4 EL Öl ● 2–3 Stiele Petersilie

Zubereitung:

1 Die Kartoffeln waschen und mit der Schale in kochendem Salzwasser etwa 20 Minuten garen. Abgießen, ausdampfen lassen und vierteln. Die Kartoffelviertel mit Salz und schwarzem Pfeffer würzen und mit dem Olivenöl mischen.

2 Den Knoblauch und die Schalotten schälen und in kleine Würfel schneiden. Beides mit den Kartoffeln mischen. Den Oregano waschen und trocken schütteln, die Blätter abzupfen und ebenfalls mit den Kartoffeln mischen.

3 Die Rotbarschfilets waschen und trocken tupfen. Eine Zitrone heiß waschen, trocken reiben und halbieren. Die Schale von einer Zitronenhälfte fein abreiben, dann die Zitrone auspressen und die Fischfilets mit dem Saft beträufeln. Die Zitronenschale mit dem Paniermehl und den gemahlenen Walnüssen in einem tiefen Teller mischen.

4 Die Eier in einem zweiten tiefen Teller verquirlen und mit Salz und weißem Pfeffer würzen. Das Mehl in einen weiteren Teller geben. Die Fischfilets mit Salz und weißem Pfeffer würzen. Die Filets zuerst im Mehl wenden, dann durch die Eiermasse ziehen und zuletzt mit der Walnussmischung panieren. Die Panade dabei etwas andrücken.

5 Das Öl in einer Pfanne erhitzen und die Fischfilets darin bei mittlerer Hitze auf beiden Seiten jeweils etwa 4 Minuten braten.

6 Die restliche Zitrone heiß waschen, trocken reiben und vierteln. Die Petersilie waschen, trocken schütteln und die Blätter abzupfen. Die Rotbarschfilets mit dem Kartoffelsalat auf Tellern anrichten und mit jeweils 2 Zitronenvierteln und der Petersilie garnieren.

Hirschkalbssteak mit Kakaobohnenbröseln

von Anne Reschke

Zutaten für 2 Personen:

1 TL Kakaobohnen • 3 EL Butter • 2 EL Paniermehl • 1 Msp. Quatre épices (siehe Tipp) • Salz • 1 Schalotte • 2 EL Olivenöl • 250 ml trockener Rotwein • 1 TL Aceto balsamico • 1 cm Ingwer • 4 Softpflaumen • 4 getrocknete Aprikosen • 10 getrocknete Apfelscheiben 325 ml Wildfond • 1 Lorbeerblatt • 5 Wacholderbeeren • Pfeffer aus der Mühle • Zucker • 2 TL kalte Butter • 4 große Stangenbohnen • 1 Zweig Rosmarin • 3 Zweige Thymian • 2 Hirschkalbsfilets (à 150 g; küchenfertig) • 1 EL Haselnussöl • $1/2$ TL abgeriebene unbehandelte Orangenschale • 1 EL geriebene Zartbitterschokolade

Zubereitung:

1 Die Kakaobohnen zerstoßen und mit 1 EL Butter in einem Topf aufschäumen lassen. Das Paniermehl hinzufügen und leicht anrösten. Mit Quatre épices und 1 Prise Salz würzen und beiseitestellen.

2 Die Schalotte schälen, in kleine Würfel schneiden und in einem Topf in 1 EL Olivenöl andünsten. Mit 50 ml Wein und dem Essig ablöschen. Ingwer schälen und in Scheiben schneiden. Das Trockenobst in Würfel schneiden, mit 125 ml Fond und dem Ingwer hinzufügen. Alles aufkochen lassen, vom Herd nehmen und 10 Minuten ziehen lassen.

3 In einem weiteren Topf den restlichen Wein und Fond mit dem Lorbeerblatt und den Wacholderbeeren auf die Hälfte einköcheln lassen. Durch ein Sieb gießen und nochmals sämig einköcheln lassen. Mit Salz, Pfeffer und 1 Prise Zucker abschmecken. Die kalte Butter mit dem Stabmixer unter den Gewürzjus mixen.

4 Die Bohnen putzen, waschen und in kochendem Salzwasser blanchieren. Eiskalt abschrecken und abtropfen lassen. Die Bohnen in 1 EL zerlassener Butter schwenken. Den Backofen auf 90 °C vorheizen.

5 Die Kräuter waschen, trocken schütteln und die Nadeln bzw. Blätter abzupfen. Die Hirschkalbsfilets in einer Grillpfanne im restlichen Olivenöl auf beiden Seiten anbraten. Auf einem Teller mit Haselnussöl, Orangenschale, Kräutern, Salz und Pfeffer einreiben und im Ofen auf der mittleren Schiene etwa 15 Minuten rosa garen. Das Trockenobst nochmals aufkochen, den Ingwer entfernen und den Jus mit Salz und Pfeffer abschmecken. Die Schokolade und 1 EL Butter unterrühren. Die Hirschkalbssteaks mit dem Obstjus, dem Gewürzjus und den Kakaobröseln anrichten. Dazu passt Selleriepüree.

Profi-Tipp

von Kolja Kleeberg

›› Die Gewürzmischung Quatre épices (franz. für vier Gewürze) stammt aus der klassischen französischen Küche und besteht aus schwarzem Pfeffer, Gewürznelken, Zimtpulver und Muskatnuss. Übrigens: Wenn Sie Gemüse in einem eiskalten Wasserbad abschrecken, sollten Sie auch dieses Wasser salzen – dann werden die Mineralstoffe nämlich nicht mit herausgewaschen. ‹‹

Bewertung

Das Fleisch ist gut gebraten, die Kakaobohnenbrösel sind leider ein bisschen verbrannt. Das Püree ist okay.

Alfons Schuhbeck

Roastbeef
im Worcestersud

von Wolfgang Mertel

Profi-Tipp
von **Kolja Kleeberg**

» **Das Rindfleisch wird hier mit Senf bestrichen – das bringt nicht nur Geschmack, sondern ist ein bewährter Küchentrick, um festes, zähes Fleisch wieder »aufzupäppeln«: Der Senf enthält Sulfide, also Schwefelverbindungen, die das Fleisch wieder mürbe und zart machen. Hätten Sie's übrigens gewusst? Worcestersauce spricht sich nicht Worschester-, sondern Wustersauce.** «

Zutaten für 2 Personen:

Öl zum Frittieren • 250 g mehlig kochende Kartoffeln • Salz
2 Scheiben Roastbeef (à 220 g; küchenfertig) • 2 EL scharfer Senf
Pfeffer aus der Mühle • 3–4 EL Öl • 3 Zwiebeln • 3 Knoblauchzehen • 125 ml Worcestersauce • 500 ml trockener Weißwein
50 ml Rinderjus • 1 EL Tabasco • 2 cl Cognac • 2 Frühlingszwiebeln
2–3 Stiele Petersilie • 3 EL Sahne

Zubereitung:

1 Reichlich Öl in einer Fritteuse oder einem Topf auf 170 °C erhitzen. Die Kartoffeln schälen, waschen, längs halbieren und in Scheiben schneiden. Die Kartoffelscheiben im heißen Öl vorfrittieren. Mit dem Schaumlöffel herausheben und auf Küchenpapier abtropfen lassen. Dann nochmals im heißen Fett goldbraun frittieren, wieder abtropfen lassen und warm halten. Mit Salz würzen.

2 Den Backofen auf 90 °C vorheizen. Das Roastbeef waschen, trocken tupfen und etwas flach klopfen. Mit Senf bestreichen, mit Pfeffer würzen und aufrollen.

3 In einer ofenfesten Pfanne 1 bis 2 EL Öl erhitzen und das Roastbeef darin rundum kurz anbraten. Dann das Fleisch in der Pfanne im Ofen auf der mittleren Schiene 10 Minuten garen.

4 Zwiebeln und Knoblauch schälen und in kleine Würfel schneiden. Das restliche Öl in einer weiteren Pfanne erhitzen, die Zwiebeln und den Knoblauch darin bei mittlerer Hitze andünsten. Die Worcestersauce hinzufügen und kurz einköcheln lassen. Dann den Wein dazugießen und ebenfalls einköcheln lassen. Den Rinderjus dazugeben, einköcheln lassen und die Sauce mit Tabasco abschmecken. Das Fleisch aus dem Ofen nehmen und in die Sauce geben.

5 Den Cognac in einem weiteren Topf erhitzen, vorsichtig flambieren und über das Fleisch geben. Das Roastbeef 3 Minuten ziehen lassen, aus der Sauce nehmen, mit Salz würzen und warm halten.

6 Die Frühlingszwiebeln putzen, waschen und in Ringe schneiden. Petersilie waschen, trocken schütteln und die Blätter abzupfen. Das Roastbeef mit den frittierten Kartoffeln auf Tellern anrichten. Die Sauce mit der Sahne verfeinern und über das Fleisch gießen. Mit Petersilie und Frühlingszwiebelringen garnieren.

Bewertung

Das Fleisch ist perfekt gegart. Sehr gutes Fleisch, sehr gute Sauce, lecker!

Steffen Henssler

Exotischer Fruchttraum mit Honig und Vanille

von Matthias Wagner

Zutaten für 2 Personen:

1 kleine Mango • **1 kleine Papaya** • **1 Sternfrucht** • **6 Physalis**
(Kapstachelbeeren) • **1 Stängel Zitronengras** • **1 Vanilleschote**
5 EL Zucker • **½ Bund Koriander** • **50 g Naturjoghurt** • **1 EL Honig**

Zubereitung:

1 Die Mango schälen, das Fruchtfleisch zunächst in breiten Spalten vom Stein und dann in kleine Würfel schneiden. Die Papaya halbieren, entkernen, schälen und das Fruchtfleisch ebenfalls in kleine Würfel schneiden. Die Sternfrucht waschen und in Scheiben schneiden. Die Physalis aus den Hülsenblättern lösen, waschen und halbieren. Das Obst in einer Schüssel mischen.

2 Das Zitronengras putzen und waschen. Die Vanilleschote der Länge nach aufschneiden. In einem kleinen Topf 4 EL Zucker mit 4 EL Wasser, dem Zitronengras und der Vanilleschote erhitzen und den Sud bei mittlerer Hitze 5 Minuten köcheln lassen.

3 Den Sud vom Herd nehmen und durch ein Sieb über die Obstmischung gießen. Den Koriander waschen und trocken schütteln, die Blätter abzupfen und fein hacken. Über das Obst streuen und untermischen.

4 Den Joghurt mit dem Honig in einer kleinen Schüssel verrühren und mit dem restlichen Zucker abschmecken. Den Fruchttraum in Schälchen anrichten und je 2 EL gesüßten Joghurt darübergeben. Den Joghurt nach Belieben mit dem Flambierbrenner leicht karamellisieren.

Profi-Tipp
von *Kolja Kleeberg*

» Hier wird ja fast das ganze exotische Obstangebot verwendet! Papayas sind übrigens reif, wenn sich ihre Schale gelb gefärbt hat. Ihr melonenartiges Fruchtfleisch umhüllt schwarze, bitter schmeckende Kerne, die wir heute entfernen. Früher hat man sie dagegen als verdauungsförderndes Naturheilmittel verwendet. «

Bewertung

Das Dessert ist wirklich sehr, sehr süß! Aber weil der Rotbarsch so gut war, sieht es damit auch nicht so schlecht aus.

Steffen Henssler

Mascarpone-Türmchen
mit Himbeer-Coulis und Maracuja

von Anne Reschke

Profi-Tipp
von **Kolja Kleeberg**

» **Bei der Himbeer-Coulis muss man aufpassen, dass man sie genug süßt, damit die Säure der Himbeeren nicht zu sehr heraussticht. Das Himbeerpüree, nichts anderes ist nämlich eine Coulis, durch ein feines Sieb streichen, um die Kerne zu entfernen. Den Blätterteig für diese süße Burger-Version kaufen Sie am besten als Fertigprodukt. Ihn selbst herzustellen ist viel zu aufwendig, zumal die fertigen Teige aus dem Kühlregal oder Tiefkühlfach meist von guter Qualität und kinderleicht zu verarbeiten sind. «**

Zutaten für 2 Personen:

2 Platten Tiefkühl-Blätterteig ● Mehl für die Arbeitsfläche 150 g Puderzucker ● 5 Maracujas (Passionsfrüchte) ● 200 g Mascarpone ● 100 g Sahne ● 2 cl Grand Marnier (franz. Orangenlikör) 200 g Himbeeren ● 2 cl Himbeergeist ● Minzeblätter für die Deko Puderzucker zum Bestäuben

Zubereitung:

1 Den Backofen auf 200 °C (Umluft) vorheizen. Die Blätterteigplatten nebeneinander auf der leicht bemehlten Arbeitsfläche auslegen und auftauen lassen. Aus jeder Blätterteigplatte mit einem Dessertring oder einem passenden Glas 2 Kreise mit einem Durchmesser von etwa 8 cm ausstechen oder -schneiden.

2 Die Blätterteigkreise auf ein mit Backpapier ausgelegtes Backblech legen, durch ein Sieb mit etwas Puderzucker bestäuben und im Ofen auf der mittleren Schiene 10 Minuten backen, bis der Zucker karamellisiert. Die Blätterteigteilchen herausnehmen und abkühlen lassen.

3 Die Maracujas halbieren und mit einem Teelöffel das Fruchtfleisch herauskratzen. Den Mascarpone in einer Schüssel mit der Sahne, 70 g Puderzucker und dem Grand Marnier cremig rühren. Das Maracujafruchtfleisch untermischen.

4 Die Himbeeren verlesen, kalt abbrausen und vorsichtig trocken tupfen, einige schöne Beeren für die Deko beiseitelegen. Die restlichen Himbeeren mit dem übrigen Puderzucker und dem Himbeergeist in einem hohen Rührbecher mit dem Stabmixer pürieren. Die Himbeer-Coulis durch ein feines Sieb streichen.

5 Die Blätterteigkreise horizontal aufschneiden. Die unteren Hälften auf Dessertteller setzen und mit reichlich Maracuja-Mascarpone-Creme füllen. Mit den oberen Blätterteighälften bedecken. Mit der Himbeer-Coulis umträufeln und mit Minzeblättern, Himbeeren und nach Belieben mit Maracujakernen garnieren. Mit Puderzucker bestäuben.

Bewertung

Das Dessert ist sehr gut. Das ist auch nicht so süß, nicht wie so viele andere Desserts ...

Steffen Henssler

Aufgeschlagene Käsesuppe mit karamellisiertem Blumenkohl

Zubereitung:

1 Den Blumenkohl putzen, waschen und in die einzelnen Röschen teilen. 300 g Blumenkohlröschen abwiegen, den Rest beiseitelegen.

2 Die Schalotte schälen und in feine Streifen schneiden. Den Lauch putzen und waschen, nur das Weiße in feine Streifen schneiden, das Grüne anderweitig verwenden. Die Butter in einer Pfanne erhitzen, die Schalotten- und Lauchstreifen darin andünsten. Den abgewogenen Blumenkohl hinzufügen und kurz mitdünsten. Mit dem Wein ablöschen und vollständig einkochen lassen. Die Brühe dazugießen und etwas köcheln lassen. 150 g Sahne hinzufügen und die Suppe etwa 25 Minuten köcheln lassen.

3 Inzwischen den beiseitegelegten Blumenkohl in einem Topf mit kochendem Wasser etwa 5 Minuten blanchieren. In ein Sieb abgießen und abtropfen lassen.

4 Sobald der Blumenkohl in der Suppe weich ist, die Suppe mit dem Stabmixer pürieren und durch ein Sieb in einen Topf streichen. Den Chesterkäse fein reiben und mit den Eigelben und der restlichen Sahne mit dem Stabmixer unter die Suppe rühren. Die Käsesuppe mit Salz, Pfeffer und Muskatnuss abschmecken.

5 Den Sternanis etwas zerstoßen. In einer beschichteten Pfanne ohne Fett anrösten und abkühlen lassen.

6 Das Butterschmalz in einer Pfanne erhitzen und die blanchierten Blumenkohlröschen darin unter Rühren bei mittlerer Hitze goldbraun braten. Mit Salz würzen, mit dem Puderzucker bestäuben und karamellisieren. Den karamellisierten Blumenkohl aus der Pfanne nehmen und auf Küchenpapier abtropfen lassen. Die Käsesuppe in tiefen Tellern anrichten, den karamellisierten Blumenkohl darauf verteilen und mit Muskatnuss, Chili und Sternanis bestreuen.

Zutaten für 2 Personen:

1 kleiner Blumenkohl
(ca. 500 g)
1 Schalotte
1 Stange Lauch
1 EL Butter
100 ml trockener Weißwein
500 ml Hühnerbrühe
200 g Sahne
50 g Chesterkäse (ersatzweise
Cheddar oder Emmentaler)
2 Eigelb
Salz · Pfeffer aus der Mühle
frisch geriebene Muskatnuss
2 Sternanis
1 EL Butterschmalz
1 EL Puderzucker
Chili aus der Gewürzmühle

Das Geheimnis dieses Rezepts

Damit die Suppe die gewünschte cremige Konsistenz bekommt, ist es wichtig, den Blumenkohl in kleinen Mengen portionsweise zu pürieren. Das gilt für alle Gemüsecremesuppen.

Rinderfilet »Red Stroganoff« mit saurer Sahne

Zubereitung:

1 Das Rinderfilet waschen, trocken tupfen und in fingerdicke Streifen schneiden. Das Butterschmalz in einer Pfanne erhitzen und die Rinderfiletstreifen darin rundum anbraten. Das Fleisch mit Salz und weißem Pfeffer würzen und aus der Pfanne nehmen.

2 Die Zwiebeln schälen und in feine Streifen schneiden. Die Hälfte der Butter im Bratensatz der Fleischpfanne erhitzen und die Zwiebelstreifen darin andünsten. Die Gewürzgurken abtropfen lassen und wie die Rote Bete in Streifen schneiden. Beides zu den Zwiebeln in die Pfanne geben. Das Gemüse erhitzen, mit Salz würzen und mit dem Fleisch in einen Topf geben.

3 Den Bratensatz in der Pfanne mit dem Rote-Bete-Saft ablöschen und die Brühe dazugießen. Den Senf unterrühren und die Sauce etwa 5 Minuten köcheln lassen. Die restliche kalte Butter in kleine Würfel schneiden und die Sauce damit binden. Die Sauce durch ein feines Sieb gießen und mit dem Fleisch und dem Gemüse wieder erwärmen.

4 Dill und Petersilie waschen und trocken schütteln, die Spitzen bzw. Blätter abzupfen und fein hacken. Das Fleisch mit dem Zitronensaft beträufeln. Das »Red Stroganoff« mit reichlich weißem Pfeffer abschmecken und auf Teller verteilen. Mit je 1 EL saurer Sahne und 2 EL gehackten Kräutern servieren.

Zutaten für 2 Personen:

**300 g Rinderfilet
(küchenfertig)
1 EL Butterschmalz · Salz
weißer Pfeffer aus der Mühle
4 rote Zwiebeln
100 g kalte Butter
100 g Gewürzgurken
100 g Rote Bete
(vakuumverpackt)
100 ml Rote-Bete-Saft
200 ml Rinderbrühe
1 EL scharfer Senf
je 1/2 Bund Dill und Petersilie
Saft von 1/2 Zitrone
2 EL saure Sahne**

Das Geheimnis dieses Rezepts

Dieses Rezept ist meine »rote Variante« des berühmten Klassikers Bœuf Stroganoff. Wie schon viele meiner Kollegen hat er auch mich zu einer eigenen Interpretation angeregt. Statt Champignons verwende ich in Streifen geschnittene Rote Bete, die mit ihrem leicht erdigen Geschmack perfekt mit dem Senf und der sauren Sahne harmoniert. Probieren Sie es aus!

Asiatischer Nudelsalat mit gebratenen Riesengarnelen

von Annette Scherer

Profi-Tipp
von Alexander Herrmann

≫ Anstelle von Riesengarnelen kann man den Nudelsalat auch einmal mit in Streifen geschnittenem Entenfleisch zubereiten. Das Fleisch harmoniert mit seinem süßlichen Geschmack bestens mit den asiatischen Aromen. Wer es ganz fernöstlich halten will, lässt den Balsamico (mediterran) und die Worcestersauce (englisch) weg, würzt den Nudelsalat nur mit Sojasauce und ersetzt das Butterschmalz durch Erdnussöl. ≪

Bewertung

Das Gemüse ist gut gebraten, die Nudeln sind knackig, die Garnelen schön saftig. Der Teller bleibt auf jeden Fall hier.

Johann Lafer

Zutaten für 2 Personen:

je 1 gelbe und rote Paprikaschote ● 1/2 rote Chilischote ● 5 Mangoldblätter ● 100 g Shiitakepilze ● 1 Bund Koriander ● 200 g japan. Weizenmehlnudeln ● Salz ● 3 EL Butterschmalz ● 1 TL geriebener Ingwer ● 2 EL Sojasauce ● 1 EL Worcestersauce ● 2 EL Kräuteressig mit Honig ● 2 EL Aceto balsamico ● 1 EL Olivenöl ● 1/2 TL gemahlene Kurkuma ● 1 Msp. Cayennepfeffer ● Chili aus der Gewürzmühle Pfeffer aus der Mühle ● 4 Riesengarnelen (mit Schale) ● 1 Knoblauchknolle ● 1 Stängel Zitronengras ● je 1 Zweig Rosmarin und Thymian

Zubereitung:

1 Die Paprikaschoten längs halbieren, entkernen, waschen und in feine Streifen schneiden. Chilischote entkernen, waschen und klein schneiden. Mangold waschen, trocken tupfen und die Blattrippen entfernen, Blätter in sehr feine Streifen schneiden. Shiitakepilze putzen, trocken abreiben und in Scheiben schneiden. Koriander waschen und trocken schütteln, die Blätter abzupfen und fein hacken.

2 Die Nudeln in kochendem Salzwasser etwa 5 Minuten bissfest garen. In ein Sieb abgießen und abtropfen lassen. In einer Pfanne 1 EL Butterschmalz erhitzen und die Paprikastreifen mit Chili und Ingwer darin bei mittlerer Hitze etwa 2 Minuten dünsten. In einer weiteren Pfanne ebenfalls 1 EL Butterschmalz erhitzen und die Shiitakepilze darin bei starker Hitze scharf anbraten. Das Gemüse und die Pilze in eine Schüssel geben und zugedeckt warm halten.

3 Die abgetropften Nudeln zum Gemüse geben. Mit Mangold und Koriander bestreuen. Den Nudelsalat mit Sojasauce, Worcestersauce, beiden Essigsorten, Olivenöl, Kurkuma, Cayennepfeffer, Chili, Salz und Pfeffer abschmecken. Alles gut mischen und durchziehen lassen.

4 Die Riesengarnelen bis auf das Schwanzstück schälen, am Rücken entlang einschneiden und den dunklen Darm entfernen. Die Garnelen waschen und trocken tupfen. Die Knoblauchknolle quer halbieren. Zitronengras putzen, waschen und mit dem Messerrücken leicht anklopfen. Restliches Butterschmalz in einer Pfanne erhitzen. Die Garnelen mit Knoblauch, Zitronengras, Rosmarin und Thymian auf beiden Seiten 3 Minuten braten. Mit Salz und Pfeffer abschmecken. Den lauwarmen Nudelsalat mit den Riesengarnelen anrichten.

Zanderfilet auf Kräuter-Couscous mit Tomatensugo

von Saralisa Volm

Profi-Tipp

von *Alexander Herrmann*

» Dieses Gericht ist ein gelungenes Beispiel für »Cross-over-Küche«: Heimischer Zander wird mit orientalischem Couscous und italienischem Tomatensugo kombiniert. Couscous ist kein Getreide im klassischen Sinne, sondern einfach nur Hartweizengrieß. Da man ihn schon vorgegart kauft, reicht es, ihn nur kurz in heißer Flüssigkeit quellen zu lassen. So wird er schön saftig. «

Zutaten für 2 Personen:

10 getrocknete Tomaten (in Öl) ● 2 EL schwarze Oliven (entsteint)
1 Knoblauchzehe ● 3 cm Ingwer ● 1/2 Bund Majoran ● 3 EL Olivenöl
200 ml Tomatensaft ● Fleur de Sel ● Pfeffer aus der Mühle
1/2 Bund Kerbel ● 50 g Instant-Couscous ● 2 Zanderfilets (à 150 g;
küchenfertig, mit Haut) ● 1 Limette ● 1 EL Mehl ● 4 EL Butter
1/2 Bund Petersilie ● 50–70 g Sahne ● 10 Cocktailtomaten

Zubereitung:

1 Die getrockneten Tomaten klein schneiden. Die Oliven in Scheiben schneiden. Den Knoblauch schälen und in kleine Würfel schneiden. Den Ingwer schälen und fein hacken. Den Majoran waschen und trocken schütteln, von 4 Zweigen die Blätter abzupfen und fein hacken. Den Rest beiseitelegen.

2 In einer Pfanne 1 EL Olivenöl erhitzen, Tomaten, die Oliven und den Knoblauch darin kurz andünsten. Mit dem Tomatensaft ablöschen, den Tomatensugo mit Ingwer, Majoran, Fleur de Sel und Pfeffer würzen und bei schwacher Hitze 5 Minuten köcheln lassen.

3 Den Kerbel waschen und trocken schütteln. Die Blätter von 4 Stielen Kerbel und 4 Zweigen Majoran abzupfen und fein hacken. In einem Topf 100 ml Wasser mit den Kräutern zum Kochen bringen, den Couscous unterrühren, vom Herd nehmen und zugedeckt quellen lassen.

4 Die Zanderfilets waschen, trocken tupfen und auf der Hautseite etwas einschneiden. Die Limette auspressen. Die Fischfilets mit dem Limettensaft beträufeln und auf der Hautseite mit dem Mehl bestäuben. Das restliche Olivenöl in einer Pfanne erhitzen und die Fischfilets darin zunächst auf der Hautseite anbraten. Die Pfanne vom Herd nehmen und 1 EL Butter darin aufschäumen lassen. Die Zanderfilets wenden und in der Resthitze gar ziehen lassen.

5 Die Petersilie waschen und trocken schütteln. Die Petersilienblätter und die restlichen Kerbel- und Majoranblätter abzupfen und fein hacken. Den Couscous nochmals erhitzen und mit der restlichen Butter, Sahne, Kräutern, Fleur de Sel und Pfeffer abschmecken. Die Cocktailtomaten waschen, vierteln und in dem Sugo kurz erwärmen. Den Tomatensugo auf Teller verteilen. Die Zanderfilets daraufsetzen und mit dem Couscous servieren.

Bewertung

Hm, sehr gut! Mir fehlt nur ein bisschen Salz am Zander.

Nelson Müller

Steinbuttfilet mit Lauchgemüse

von Patrick Fischbacher

Zutaten für 2 Personen:

2 Stangen Lauch ● 2 Tomaten ● 1 Bund Petersilie ● 250 g Butter
2 EL Zucker ● Salz ● 2 EL Gemüsebrühe ● 2 Schalotten ● 100 ml trockener Weißwein ● 50 g Sahne ● 100 ml Fischfond ● 1 EL Dijon-Senf
Öl zum Frittieren ● 1 große festkochende Kartoffel ● 2 Steinbuttfilets (à 200 g; küchenfertig, mit Haut) ● Fleur de Sel ● weißer
Pfeffer aus der Mühle

Zubereitung:

1 Für das Gemüse den Lauch putzen, waschen, längs halbieren und
in Rauten schneiden. Die Tomaten kreuzweise einritzen, überbrühen,
kalt abschrecken, häuten, vierteln, entkernen und das Fruchtfleisch
in kleine Würfel schneiden. Die Petersilie waschen und trocken
schütteln, die Blätter abzupfen und fein hacken.

2 In einer Pfanne 1 EL Butter erhitzen und die Lauchrauten darin andünsten. Mit dem Zucker und etwas Salz würzen und mit der Brühe
ablöschen. Den Lauch bei schwacher Hitze einige Minuten ziehen
lassen. Zuletzt die Tomatenwürfel und die Petersilie unterrühren.

3 Für die Sauce die Schalotten schälen und in kleine Würfel schneiden.
In einer Pfanne 1 EL Butter erhitzen und die Schalottenwürfel darin
andünsten. Den Wein und die Sahne dazugießen und die Sauce einköcheln lassen. Kurz vor dem Servieren die Sauce mit dem Fond, dem
Senf und Salz abschmecken und mit dem Stabmixer aufschäumen.

4 Das Öl zum Frittieren in einem Topf auf 170 °C erhitzen. Aus der Kartoffel 2 große Scheiben schneiden und aus den Scheiben 2 Taler
ausstechen. Die Kartoffeltaler im heißen Öl knusprig und goldbraun
frittieren. Mit dem Schaumlöffel herausheben, auf Küchenpapier
abtropfen lassen und mit Salz würzen.

5 Die Steinbuttfilets waschen und trocken tupfen. Die restliche Butter
in einer tiefen Pfanne erhitzen und die Fischfilets darin schwimmend braten. Herausnehmen, kurz auf Küchenpapier abtropfen lassen und mit Fleur de Sel und weißem Pfeffer würzen. Den Steinbutt
mit dem Lauchgemüse und den Kartoffeltalern auf Tellern anrichten
und mit der aufgeschäumten Weißwein-Senf-Sauce servieren.

Profi-Tipp

von **Alexander Herrmann**

>> Mit seinem äußerst schmack-
haften, festen Fleisch gehört der
Steinbutt zu den besten Speise-
fischen. Am begehrtesten sind
die dicken Filets, für die man in
der Regel aber auch einen stol-
zen Preis zahlen muss. Alternativ
können Sie für dieses Gericht
auch den »Allrounder« Lachs verwenden oder auch Forelle oder
Saibling. Wer den Fisch nicht
schwimmend braten möchte, kann
die Buttermenge natürlich auch
reduzieren. <<

Bewertung

Ich bin von den Socken – das
ist ja ein Sternegericht! Der
Fisch ist super gebraten, das se-
he ich schon, wenn ich mit dem
Messer reindrücke. Sensation!

Frank Rosin

Lammkarree
mit Gremolata und Spargel

von Annette Scherer

Zutaten für 2 Personen:

je 1 unbehandelte Zitrone und Orange • 3 EL gehackte Petersilie • je 1 TL gehackter Rosmarin und Thymian • 2 Knoblauchzehen • 3 EL Olivenöl • 2 Lammkarrees (à 200 g; küchenfertig) • Salz • Pfeffer aus der Mühle • 1 EL Tomatenmark • 100 ml trockener Rotwein • 250 ml Lammfond • 2 Zweige Rosmarin • Cayennepfeffer • 3 EL kalte Butter • 2 große festkochende Kartoffeln • 2 EL Butterschmalz • Paprikapulver (edelsüß) • 250 g grüner Spargel • Zucker

Zubereitung:

1 Den Backofengrill auf 220 °C (Umluft) vorheizen, ein Backblech auf die mittlere Schiene schieben. Für die Gremolata die Zitrone und die Orange heiß waschen, trocken reiben und jeweils etwas Schale fein abreiben, die Früchte beiseitelegen. Die Zitrusschalen mit 2 EL Petersilie und dem gehackten Rosmarin und Thymian in einer Schüssel mischen. Eine Knoblauchzehe schälen, in kleine Würfel schneiden und mit 2 EL Olivenöl gut unter die Kräutermischung rühren.

2 Die Lammkarrees waschen, trocken tupfen und kräftig mit Salz und Pfeffer würzen. Die Gremolata – bis auf einen kleinen Teil – auf den Lammkarrees verteilen und das Fleisch im Ofen 8 Minuten garen.

3 Von den Zitrusfrüchten je 1 Streifen Schale abschälen. Das restliche Olivenöl in einer Pfanne erhitzen und das Tomatenmark darin anrösten. Mit dem Wein ablöschen und leicht einkochen lassen. Den Fond dazugießen. Den Rosmarin waschen, trocken schütteln und dazugeben. Die übrige Knoblauchzehe andrücken und mit den Zitrusschalenstreifen ebenfalls hinzufügen. Die Lammsauce einköcheln lassen. Zum Schluss mit Salz, Pfeffer und 1 Prise Cayennepfeffer abschmecken und mit 1 EL kalter Butter binden.

4 Die Kartoffeln schälen, waschen und in 1 cm große Würfel schneiden. Das Butterschmalz in einer Pfanne erhitzen und die Kartoffelwürfel darin rundum knusprig braten. Die Kartoffeln mit Salz, Pfeffer und Paprikapulver würzen.

5 Den Spargel waschen, nur im unteren Drittel schälen und in kochendem Salzwasser mit 1 Prise Zucker 5 Minuten garen. Den Spargel mit der restlichen zerlassenen Butter glasieren. Mit Salz und Pfeffer würzen und mit der übrigen Petersilie bestreuen. Die Karrees mit der restlichen Gremolata bestreuen und mit den Beilagen anrichten.

Lamm im Strohmantel
mit karamellisierten Zwiebeln

von Patrick Fischbacher

Profi-Tipp
von Alexander Herrmann

>> Dass der Kartoffelmantel an dem Lammfleisch haftet, dafür sorgt die Kartoffelstärke, die als Kleber fungiert. Deshalb drückt man z. B. bei der Zubereitung von Kartoffelklößen das Wasser aus den rohen Kartoffelraspeln aus und fängt es in einer Schüssel auf. Die Stärke setzt sich nach einer Weile am Schüsselboden ab. Den so gewonnenen Kleber mischt man dann wieder unter den Kartoffelteig. Die Knödel fallen dann garantiert nicht auseinander. <<

Zutaten für 2 Personen:

400 g festkochende Kartoffeln ● 4 EL Öl ● 400 g Lammfilet (küchenfertig) ● 15 frische Silberzwiebeln ● 2 EL Zucker ● 1 EL Rotweinessig ● 2 EL trockener Rotwein ● je 1 Zweig Thymian und Rosmarin Salz ● Pfeffer aus der Mühle

Zubereitung:

1 Die Kartoffeln schälen, waschen und auf der Gemüsereibe in feine Stifte hobeln.

2 In einer beschichteten Pfanne 2 EL Öl erhitzen, die Kartoffelstifte darin verteilen und flach drücken. Die Kartoffelrösti bei mittlerer Hitze knusprig backen, dabei einmal wenden.

3 Den Backofen auf 180 °C vorheizen. Das Ofengitter auf die mittlere Schiene und darunter ein Abtropfblech schieben. Das Lammfilet waschen und trocken tupfen. Das restliche Öl in einer weiteren Pfanne erhitzen und das Lammfilet darin rundum kurz scharf anbraten.

4 Die Rösti aus der Pfanne nehmen, auf ein Küchentuch legen und mithilfe des Tuchs um das Lammfilet schlagen. Das Lamm im Strohmantel auf dem Ofengitter etwa 15 Minuten garen.

5 Die Silberzwiebeln schälen, quer halbieren und in der Fleischpfanne im Bratensatz andünsten. Die Zwiebeln mit dem Zucker bestreuen und karamellisieren. Mit dem Essig und dem Wein ablöschen und etwas einkochen lassen. Den Thymian und den Rosmarin waschen, trocken schütteln und hinzufügen.

6 Das Lammfilet im Strohmantel aus dem Ofen nehmen, in Scheiben schneiden und mit Salz und Pfeffer würzen. Mit den karamellisierten Zwiebeln anrichten und mit der Sauce beträufeln.

Bewertung

Das ist ja was Gewagtes, da würde ich mich nicht unbedingt rantrauen. Den Garpunkt so zu treffen und dann das Fleisch auch noch in ein Rösti zu packen: Kompliment!

Nelson Müller

Lammlachs mit Rotwein-Honig-Sauce

von Saralisa Volm

Zutaten für 2 Personen:

300 g Vitelotte-Kartoffeln • 2 Lorbeerblätter • Salz • 4 Lammlachse (Lammfilet, à 150 g; küchenfertig) • 2 EL Olivenöl • Fleur
de Sel • Pfeffer aus der Mühle • 8 Zweige Thymian (gewaschen)
1 Zwiebel • 2 Knoblauchzehen • 250 ml trockener Rotwein
3 EL Aceto balsamico • 1 EL Waldhonig • 2 Zweige Rosmarin
(gewaschen) • 200 g grüne Bohnen • 3 Zweige Bohnenkraut
130 g Butter • 3 EL kalte Butter • 3 EL Milch • frisch geriebene
Muskatnuss

Zubereitung:

1 Den Backofen auf 100 °C (Umluft) vorheizen. Die Kartoffeln schälen,
waschen, vierteln und mit den Lorbeerblättern in einem Topf in kochendem Salzwasser etwa 15 Minuten garen.

2 Die Lammlachse waschen und trocken tupfen. Das Olivenöl in einer
Pfanne erhitzen und das Fleisch darin rundum scharf anbraten. Mit
Fleur de Sel und Pfeffer würzen. Das Fleisch aus der Pfanne nehmen,
mit 4 Thymianzweigen in Alufolie wickeln und im Ofen auf der mittleren Schiene etwa 20 Minuten fertig garen. Die Zwiebel und 1 Knoblauchzehe schälen, in kleine Würfel schneiden und im Bratensatz
kurz andünsten. Mit Wein und Essig ablöschen. Den Honig, den restlichen Thymian und den Rosmarin dazugeben und den Sud bei mittlerer Hitze einköcheln lassen.

3 Die Bohnen putzen und waschen. Im kochendem Salzwasser mit
dem Bohnenkraut etwa 4 Minuten garen. Abgießen, kalt abschrecken
und abtropfen lassen. In einer Pfanne 3 EL Butter erhitzen und mit
1 Prise Salz würzen. Den restlichen Knoblauch schälen und dazu-
pressen. Die Bohnen darin einige Minuten dünsten.

4 Die Rotwein-Honig-Sauce durch ein Sieb in einen Topf gießen und
einköcheln lassen. Mit Fleur de Sel und Pfeffer abschmecken und
mit der kalten Butter binden.

5 Die Kartoffeln abgießen. Die restliche Butter mit der Milch zu den
Kartoffeln geben und mit dem Kartoffelstampfer zerdrücken. Das
Püree mit Salz, Pfeffer und Muskatnuss abschmecken. Das Fleisch
aus dem Ofen nehmen und in dicke Scheiben schneiden. Aus dem
Kartoffelpüree mit einem Esslöffel Nocken formen und mit dem
Fleisch, den Bohnen und der Sauce auf Tellern anrichten.

Profi-Tipp

von *Alexander Herrmann*

» Vitelotte-Kartoffeln sind eine
sehr edle Kartoffelsorte mit blau-
er Schale und bläulichem Fruchtfleisch. Für ein Püree sind sie fast
zu fein. Kochen Sie die Kartoffeln
ansonsten immer in der Schale,
damit sie ihre außergewöhnliche
Farbe behalten. Am besten berei-
tet man sie im Backofen zu: Dafür
die Kartoffeln mit der Schale waschen und auf ein Bett aus Meersalz legen. Im Ofen bei 160 °C je
nach Größe 15 bis 25 Minuten garen. So gegart, schmecken sie
noch intensiver. «

Bewertung

Das Fleisch ist gut gebraten,
in der Sauce fehlt ein bisschen
Salz. Das Püree schmeckt sehr
buttrig. Das würde Horst Lichter
mit Sicherheit gern essen.

Johann Lafer

Pochiertes Kalbfleisch »al limone« mit Zuckerschoten

von Saralisa Volm

Zutaten für 2 Personen:

1 l Kalbsfond ● 200 ml trockener Weißwein ● 4 Zweige Rosmarin 2 Zwiebeln ● 3 Knoblauchzehen ● 6 Wacholderbeeren ● 3 Lorbeerblätter ● 6 schwarze Pfefferkörner ● 2 getrocknete Chilischoten 200 g Kalbsfilet (küchenfertig) ● 3–4 EL Olivenöl ● 4 große festkochende Kartoffeln ● 4 EL Butter ● Fleur de Sel ● Pfeffer aus der Mühle ● 1 Zitrone ● 1 Handvoll Zitronenmelisseblätter ● Zucker 3 EL kalte Butter ● 100 g Sahne ● 100 g Zuckerschoten (geputzt) abgeriebene Schale von 1/2 unbehandelten Zitrone

Zubereitung:

1 Für den Sud den Fond mit 100 ml Wein in einen flachen Topf geben. Den Rosmarin waschen und trocken schütteln, von 1 Zweig die Nadeln abzupfen. Zwiebeln und Knoblauch schälen, jeweils 1 Zwiebel und Knoblauchzehe mit Rosmarin, Wacholderbeeren, Lorbeerblättern, Pfefferkörnern und Chilischoten in den Topf geben. Den Sud auf höchstens 80 °C erhitzen.

2 Das Kalbsfilet waschen und trocken tupfen. In einer Pfanne 1 bis 2 EL Olivenöl erhitzen und das Filet darin rundum scharf anbraten. Dann das Fleisch mit Küchengarn an einem Kochlöffelstiel befestigen. Den Kochlöffel quer über den Topf legen, sodass das Fleisch in dem Sud hängt und vollständig mit Flüssigkeit bedeckt ist. Das Kalbsfilet in dem Sud bei 70 bis 80 °C etwa 20 Minuten pochieren.

3 Die Kartoffeln schälen, waschen und in kleine Würfel schneiden. Das restliche Olivenöl und 2 EL Butter in einer Pfanne erhitzen, die Kartoffelwürfel mit den übrigen Rosmarinzweigen dazugeben und rundum knusprig braten. Mit Fleur de Sel und Pfeffer würzen.

4 Die Zitrone auspressen. Restliche Zwiebel und übrigen Knoblauch in kleine Würfel schneiden und im Bratensatz der Fleischpfanne andünsten. Mit restlichem Wein, etwas Wasser und Zitronensaft ablöschen. Zitronenmelisseblätter hinzufügen und die Sauce bei schwacher Hitze einige Minuten ziehen lassen. Dann durch ein Sieb gießen, einkochen lassen und mit Salz, Pfeffer und 1 Prise Zucker abschmecken. Mit der kalten Butter binden und mit Sahne verfeinern.

5 In einer Pfanne 2 EL Butter erhitzen und die Zuckerschoten mit der Zitronenschale, Salz und Pfeffer dünsten. Das Kalbsfilet in Scheiben schneiden und mit Kartoffeln, Zuckerschoten und Sauce anrichten.

Wildhasenfilet mit Rahmwirsing und Kräuterseitlingen

von Annette Scherer

Zutaten für 2 Personen:

3 Wildhasenfilets (à ca. 100 g; küchenfertig) • Salz • Pfeffer aus der Mühle • 1 EL Wildgewürz • 4 EL Butterschmalz • 2 EL Aceto balsamico • 80 ml trockener Rotwein • 150 ml Bratenfond (aus dem Glas) • 2 EL kalte Butter • 1 kleiner Kopf Wirsing • 80 ml Noilly Prat (franz. Wermut) • 50 ml Geflügelfond • 100 g Sahne • frisch geriebene Muskatnuss • Cayennepfeffer • 1 EL Speisestärke 100 g Kräuterseitlinge • 1 EL gehackte Petersilie

Zubereitung:

1 Den Backofen auf 80 °C vorheizen. Die Wildhasenfilets waschen, trocken tupfen und rundum mit Salz, Pfeffer und Wildgewürz würzen. In einer Pfanne 2 EL Butterschmalz erhitzen und die Filets darin bei mittlerer Hitze rundum 3 Minuten braten.

2 Die Wildhasenfilets aus der Pfanne nehmen und im Ofen warm halten. Den Bratensatz mit Essig und Wein ablöschen. Den Bratenfond dazugießen und einköcheln lassen. Die Sauce mit Salz und Pfeffer würzen und mit der kalten Butter binden.

3 Den Wirsing putzen und in die einzelnen Blätter teilen, die Blattrippen entfernen und die Blätter in Streifen schneiden. Die Wirsingstreifen in kochendem Salzwasser etwa 4 Minuten garen.

4 Inzwischen den Noilly Prat in einem Topf auf die Hälfte einkochen lassen. Den Geflügelfond und die Sahne dazugießen und nochmals etwas einkochen lassen. Die Sauce mit Salz, Pfeffer, 1 Msp. Muskatnuss und Cayennepfeffer abschmecken. Speisestärke mit 4 EL kaltem Wasser anrühren und die Sahnesauce damit binden. Die Sauce mit dem Stabmixer schaumig aufschlagen und den Wirsing unterheben.

5 Die Kräuterseitlinge putzen, trocken abreiben und in dünne Scheiben schneiden. Das restliche Butterschmalz in einer Pfanne erhitzen und die Pilze darin bei starker Hitze braten. Mit Salz und Pfeffer würzen und mit der gehackten Petersilie bestreuen.

6 Den Rahmwirsing auf Teller verteilen. Die Hasenfilets schräg in dicke Scheiben schneiden und mit den Pilzen auf dem Wirsing anrichten. Mit dem Rahmschaum und dem Bratenjus beträufeln.

Profi-Tipp
von Alexander Herrmann

» Es reichen schon kleine Aromatricks, um den Rahmwirsing immer wieder anders auf den Tisch zu bringen. Mit 1 TL Sahnemeerrettich können Sie ihn z. B. nach bayerischer Art abwandeln. Wie beim Italiener kommt er daher, wenn Sie einige schwarze Oliven und getrocknete Tomaten untermischen. Und die Franzosen würden den Wirsing mit 1 TL Dijon-Senf verfeinern. «

Bewertung

Ich bin richtig begeistert von diesem Hasen, wie der gebraten und angerichtet ist!

Nelson Müller

Mokkaeis mit Mandelkrokant und Orangen

von Annette Scherer

Zutaten für 2 Personen:

80 ml kalter, starker Mokka • 4 Eigelb • 130 g Zucker • 2 cl Kaffeelikör • 2 TL Kakaopulver • 300 g Sahne • 3 EL Butter • 1 ½ EL Mehl 50 g gehackte Mandeln • 2–3 EL Orangensaft • 2 Orangen • 1 Vanilleschote • 1 EL Puderzucker • 50 ml Grand Marnier (franz. Orangenlikör) • Puderzucker zum Bestäuben

Zubereitung:

1 Für das Eis den Mokka durch ein feines Sieb gießen. Die Eigelbe mit 80 g Zucker, dem Mokka, dem Kaffeelikör und dem Kakaopulver in einer Metallschüssel im heißen Wasserbad cremig aufschlagen. Aus dem Wasserbad nehmen und die Masse abkühlen lassen.

2 Die Sahne steif schlagen und nach und nach unter die Mokkamasse heben. Die Mokkacreme in der Eismaschine gefrieren lassen. Oder die Creme in eine flache Metallschüssel füllen und im Tiefkühlfach mehrere Stunden gefrieren lassen, dabei öfter mit einer Gabel durchrühren, damit das Eis schön cremig wird.

3 Für den Krokant den Backofen auf 160 °C vorheizen. Die Butter zerlassen. Mehl, gehackte Mandeln, flüssige Butter, restlichen Zucker und den Orangensaft in einer Schüssel verrühren. Von der Mandelmasse mit einem Teelöffel kleine Portionen abnehmen und mit großem Abstand auf ein mit Backpapier ausgelegtes Backblech setzen. Den Mandelkrokant im Ofen auf der mittleren Schiene 12 bis 15 Minuten goldbraun backen. Herausnehmen und abkühlen lassen.

4 Die Orangen so großzügig schälen, dass auch die weiße Haut mit entfernt wird. Die Fruchtfilets aus den Trennhäuten schneiden, dabei den austretenden Saft auffangen. Den Saft aus den Orangenresten drücken. Die Vanilleschote der Länge nach aufschneiden und das Mark herauskratzen.

5 Den Puderzucker in einer Pfanne karamellisieren, mit dem Orangenlikör und -saft ablöschen. Den Sud erhitzen, die Orangenfilets und das Vanillemark hinzufügen.

6 Das Mokkaeis auf Dessertteller verteilen, mit dem Mandelkrokant und dem Orangenragout anrichten. Mit Puderzucker bestäuben und nach Belieben mit Pfefferminzblättern garnieren.

Himbeer-Minze-Eis mit Schokosplittern

von Saralisa Volm

Profi-Tipp
von Alexander Herrmann

» Für besondere Anlässe können Sie das Dessert auch mit Champagner statt mit Sekt zubereiten. Die Himbeeren passen bestens zu der Minze und der Schokolade, sie haben nur einen Nachteil – viele Kerne! Dieses Problem entfällt, wenn Sie das Eis mit gefrorenen Blaubeeren oder zerkleinerten Erdbeeren zubereiten. «

Bewertung

Hm, smooth, sehr soulig. Das sieht sexy aus, finde ich toll!

Nelson Müller

Zutaten für 2 Personen:

200 g Sahne ● 100 ml trockener Sekt ● 9 Minzeblätter ● 250 g Himbeeren (tiefgekühlt) ● 1 Spritzer Zitronensaft ● 5 EL Zucker 5 EL Zartbitterschokoladensplitter ● 6 frische Himbeeren

Zubereitung:

1 Die Sahne und den Sekt jeweils separat im Tiefkühlfach 1 Stunde gefrieren lassen.

2 Die Minzeblätter waschen und trocken tupfen, 5 Blätter sehr fein hacken. Die tiefgekühlten Himbeeren mit dem Sekt, der gehackten Minze, dem Zitronensaft und dem Zucker in einen hohen Rührbecher geben und mit dem Stabmixer fein pürieren. Die Himbeermasse mindestens 20 Minuten im Tiefkühlfach gefrieren lassen.

3 Kurz vor dem Servieren die eisgekühlte Sahne steif schlagen und die Schokoladensplitter unterheben. Die Schokosahne unter das Himbeersorbet ziehen. Die frischen Himbeeren abbrausen und trocken tupfen.

4 Das Himbeer-Minze-Eis auf gut gekühlte Wein- oder Martinigläser verteilen und mit den frischen Himbeeren und den restlichen Minzeblättern garnieren.

Schokoküchlein mit Holunderblütensorbet

von Patrick Fischbacher

Zutaten für 2 Personen:

1 Blatt weiße Gelatine ● 2 Zitronen ● 300 ml Holunderblütensirup 100 ml Prosecco ● Butter für die Förmchen ● 100 g dunkle Kuvertüre ● 100 g Butter ● 50 g Mehl ● je 25 g gehackte Hasel- und Erdnüsse ● 80 g Zucker ● 3 Eier ● 1 Vanilleschote ● 200 g Sahne 1 Granatapfel ● 1 Orange ● 10 Himbeeren

Zubereitung:

1 Den Backofen auf 180 °C vorheizen. Die Gelatine in kaltem Wasser einweichen. Die Zitronen auspressen. Den Zitronensaft mit dem Holunderblütensirup und dem Prosecco verrühren. Eine kleine Menge abnehmen, erhitzen und die gut ausgedrückte Gelatine darin auflösen. Die Gelatinemischung zur Holundermischung geben und nach Belieben mit Zucker süßen. Alles in der Eismaschine gefrieren lassen. Oder in eine flache Metallschüssel füllen und im Tiefkühlfach mindestens 3 Stunden gefrieren lassen, dabei öfter mit einer Gabel durchrühren, damit das Sorbet schön cremig wird.

2 Für die Schokokuchen kleine Förmchen oder einige Vertiefungen einer Muffinform einfetten. Die Kuvertüre grob hacken und mit der Butter in einer Metallschüssel im heißen Wasserbad unter Rühren schmelzen lassen. Auf Zimmertemperatur abkühlen lassen. Dann das Mehl darübersieben und unterrühren. Die Nüsse mit 50 g Zucker und den Eiern zum Schokoladenteig geben. Alles zu einer homogenen Masse verrühren.

3 Den Schokoladenteig in die Förmchen oder die Vertiefungen der Muffinform füllen und im Ofen auf der mittleren Schiene 10 bis 15 Minuten backen. Die Schokoküchlein sollten innen noch flüssig sein.

4 Inzwischen die Vanilleschote der Länge nach aufschneiden und das Mark herauskratzen. Die Sahne mit dem restlichen Zucker und dem Vanillemark steif schlagen.

5 Den Granatapfel halbieren und die Kerne mit einem Löffel herauslösen. Die Orange so großzügig schälen, dass auch die weiße Haut mit entfernt wird, und die Fruchtfilets aus den Trennhäuten schneiden. Die Schokoküchlein aus dem Ofen nehmen, jeweils etwas Vanillesahne daraufgeben und mit dem Holunderblütensorbet anrichten. Mit Granatapfelkernen, Orangenfilets und Himbeeren garnieren.

Profi-Tipp

von **Alexander Herrmann**

>> Während der Saison im Juni und Juli sind ausgebackene Holunderblüten zu dem Schokokuchen und dem Sorbet die Krönung. Die Holunderblüten sind allerdings im Handel schwer zu bekommen, am besten pflücken Sie sie selbst. Ansonsten können Sie aber auch ein Birnenkompott oder einfach karamellisierte Birnen- oder Apfelspalten zu den Küchlein servieren. Auf die Granatapfelkerne sollten Sie dann jedoch verzichten. <<

Bewertung

Da läuft mir schon das Wasser im Mund zusammen. Das ist mein Favorit.

Nelson Müller

Kartoffel-Basilikum-Suppe mit gebratenen Riesengarnelen

Zutaten für 2 Personen:

**300 g mehlig kochende
Kartoffeln
1 kleine Zwiebel
1/2 Möhre
1/8 Sellerieknolle
1/4 Stange Lauch
6 EL Olivenöl
250 ml Gemüsebrühe
4 Riesengarnelen
5 Zweige Thymian
1/2 Knoblauchzehe
300 g Sahne
Salz · Pfeffer aus der Mühle
1 Stiel Basilikum**

Zubereitung:

1 Die Kartoffeln schälen, waschen und achteln. Die Zwiebel schälen. Die Möhre und den Sellerie putzen und schälen. Den Lauch putzen, waschen und die äußeren Blättern entfernen. Das Gemüse in grobe Würfel schneiden.

2 In einem großen Topf 2 EL Olivenöl erhitzen und die Gemüsewürfel darin kurz andünsten. Dann die Kartoffelachtel hinzufügen, die Brühe dazugießen und die Kartoffeln bei mittlerer Hitze 10 bis 15 Minuten weich garen.

3 Inzwischen die Riesengarnelen schälen, am Rücken entlang einschneiden und den dunklen Darm entfernen. Die Garnelen waschen, trocken tupfen und längs halbieren. Den Thymian waschen, trocken schütteln und die Blätter abzupfen. Den Knoblauch schälen und hacken. Beides mit 3 EL Olivenöl in einer Schüssel verrühren, die Garnelen hinzufügen und darin kurz marinieren.

4 Wenn die Kartoffeln gar sind, die Sahne langsam dazugießen und erneut aufkochen lassen. Die Suppe mit dem Stabmixer fein pürieren und durch ein Sieb streichen. Mit Salz und Pfeffer würzen.

5 Das Basilikum waschen und trocken schütteln, die Blätter abzupfen und in feine Streifen schneiden. Das restliche Olivenöl in einer Pfanne erhitzen und die Riesengarnelen darin auf beiden Seiten 1 bis 2 Minuten braten, mit 1 Prise Salz würzen.

6 Kurz vor dem Servieren die Suppe erneut aufkochen und auf tiefe Teller verteilen. Je 2 Riesengarnelen daraufgeben und die Suppe mit den Basilikumstreifen garnieren.

 ### Das Geheimnis dieses Rezepts

Die altbekannte, rustikale Kartoffelsuppe bekommt hier mit Garnelen und Basilikum eine feine Note. Sie können sie statt mit Garnelen auch mit 120 g in Streifen geschnittenem Putenbrustfilet zubereiten. Für etwas mehr Exotik die Putenstreifen mit 1 EL hellen Sesamsamen braten.

Schweinemedaillons
mit Rahmpilzen und Tagliatelle

Zubereitung:

1 Den Backofen auf 90 °C (Umluft) vorheizen. Die Schalotten schälen und in kleine Würfel schneiden. Die Pilze putzen und trocken abreiben, die Champignons vierteln und die Austernpilze in feine Streifen schneiden. Die Cocktailtomaten waschen und halbieren. Den Speck in kleine Würfel schneiden.

2 In einer Pfanne 1 EL Olivenöl erhitzen, die Schalotten- und Speckwürfel darin andünsten. Die Pilze hinzufügen, leicht mit Salz würzen und gut anbraten. Die Hälfte der Sahne dazugießen, die Cocktailtomaten dazugeben und die Sauce cremig einkochen lassen.

3 Die restliche Sahne mit 1 Prise Salz steif schlagen. Den Schnittlauch waschen, trocken schütteln und in feine Röllchen schneiden. Die Schnittlauchröllchen unter die Sahne heben.

4 Das Schweinefilet waschen, trocken tupfen und in Medaillons schneiden. Das restliche Olivenöl in einer Pfanne erhitzen, die Medaillons mit Salz und Pfeffer würzen und mit den Rosmarinzweigen im heißen Öl auf beiden Seiten je 1 bis 2 Minuten anbraten. Alles auf einen großen ofenfesten Teller geben und im Ofen auf der mittleren Schiene 10 Minuten fertig garen.

5 Inzwischen die Nudeln nach Packungsanweisung in reichlich kochendem Salzwasser bissfest garen. In ein Sieb abgießen, abtropfen lassen, wieder in den Topf geben und kurz in der Butter schwenken.

6 Rahmpilze nochmals aufkochen und die Kräutersahne unterheben. Die Nudeln auf Teller verteilen, nach Belieben zu Nestern aufrollen. Die Rahmpilze darübergeben und die Medaillons darauf anrichten.

Zutaten für 2 Personen:

2 Schalotten
200 g Champignons
200 g Austernpilze
8 Cocktailtomaten
50 g durchwachsener Speck
2 EL Olivenöl
Salz · 500 g Sahne
1 Bund Schnittlauch
300 g Schweinefilet
(küchenfertig)
Pfeffer aus der Mühle
2 Zweige Rosmarin (gewaschen)
250 g frische Tagliatelle
1 TL Butter

Das Geheimnis dieses Rezepts

Dieses Gericht ist ein echter Klassiker: Schweinefilet, kombiniert mit Nudeln und Rahmpilzen, kommt eigentlich immer gut an und ist leicht zuzubereiten. Cocktailtomaten und Rosmarin geben dem Ganzen eine frische mediterrane Note und machen das relativ schwere Essen etwas leichter.

Aprikosenfrikadellen
mit Kartoffelpüree und Pesto

von Annegret Heeren

Profi-Tipp

von **Steffen Henssler**

»» **Das ist ja wirklich eine ausgefallene Kombination! Die getrockneten Aprikosen geben den Frikadellen einen fruchtigen Geschmack und machen sie noch saftiger. Bitte beachten Sie, dass Hackfleisch immer topfrisch sein muss. Am besten bereiten Sie es noch am Einkaufstag zu. Durch seine große Oberfläche ist es sehr anfällig für Bakterien. ««**

Bewertung

Hat da jemand die Nachspeise mit dem Hauptgericht verwechselt? Hm, schmeckt gar nicht mal so schlecht. Die Frikadellen sind gut gewürzt und schön locker.

Alfons Schuhbeck

Zutaten für 2 Personen:

1 Bund Basilikum • 1 Knoblauchzehe • 125 ml Olivenöl • 2 EL Pinienkerne • Salz • 40 g Parmesan (am Stück) • 500 g festkochende Kartoffeln • 225 ml Milch • 3 EL Butter • 2 EL Sahne • 1 EL Zucker 60 g Weißbrot • 1 rote Zwiebel • 60 g getrocknete Aprikosen 1 TL abgeriebene unbehandelte Zitronenschale • $1/2$ TL Ingwerpulver Pfeffer aus der Mühle • 1 EL Zitronen-Olivenöl • je 150 g Rinder- und Schweinehackfleisch • 1 Ei • 2 EL Butterschmalz

Zubereitung:

1 Das Basilikum waschen, trocken schütteln und die Blätter abzupfen. Den Knoblauch schälen und halbieren. Das Olivenöl mit den Pinienkernen, dem Basilikum, dem Knoblauch und 1 TL Salz im Küchenmixer pürieren. Den Parmesan fein reiben und unter das Pesto rühren.

2 Die Kartoffeln schälen, waschen und in kleine Würfel schneiden. In kochendem Salzwasser etwa 15 Minuten garen. Abgießen, ausdampfen lassen und in dem Topf mit dem Kartoffelstampfer zerdrücken. 125 ml Milch, die Butter und die Sahne bei schwacher Hitze unterrühren und das Kartoffelpüree mit Salz und Zucker würzen.

3 Die restliche Milch in einem Topf lauwarm erhitzen. Das Weißbrot entrinden und in Würfel schneiden. Die Brotwürfel in der Milch einweichen.

4 Die Zwiebel schälen und ebenso wie die Aprikosen klein schneiden. Beides mit den Weißbrotwürfeln, der Zitronenschale, dem Ingwerpulver, Salz und Pfeffer im Küchenmixer pürieren. Sobald die Masse fest ist, das Zitronen-Olivenöl unterrühren.

5 Beide Hackfleischsorten in eine Schüssel geben. Das Ei und das Aprikosenpüree hinzufügen und alles mit den Händen gut mischen. Aus der Fleischmasse gleich große Frikadellen formen. Das Butterschmalz in einer Pfanne erhitzen und die Frikadellen darin bei mittlerer Hitze auf beiden Seiten langsam braten.

6 Die Aprikosenfrikadellen mit dem Kartoffelpüree auf Tellern anrichten und mit je 1 EL Basilikumpesto servieren.

Thunfischgulasch mit Knoblauchbrot

von Dr. Günter Küppers

Zutaten für 2 Personen:

250 ml Hühnerbrühe ● 1 Schalotte ● 100 ml Olivenöl ● 1 getrockneter Peperoncino ● je 1 geh. EL Möhren-, Knollensellerie- und Staudenselleriewürfel ● 5 cl Noilly Prat (franz. Wermut) ● 6 Dosentomaten ● 1 Bund Petersilie ● ca. 150 g schwarze Oliven (entsteint) 1 Lorbeerblatt ● 2 Knoblauchzehen ● 2 cl Pernod (franz. Anisschnaps) ● Meersalz ● Pfeffer aus der Mühle ● Zucker ● 300 g Thunfischrücken (küchenfertig) ● 2 Scheiben Ciabatta ● 1/2 unbehandelte Zitrone

Zubereitung:

1 Die Brühe in einem Topf auf die Hälfte einkochen lassen. Die Schalotte schälen und in kleine Würfel schneiden. Die Hälfte des Olivenöls in einem zweiten Topf erhitzen und die Schalottenwürfel darin mit dem Peperoncino andünsten. Die Gemüsewürfel dazugeben und kurz mitdünsten. Mit dem Noilly Prat ablöschen und kochen lassen, bis die Flüssigkeit verdampft ist. Den Peperoncino wieder entfernen.

2 Die Dosentomaten klein schneiden, zum Gemüse geben und etwas einkochen lassen. Dann die eingekochte Brühe dazugießen. Die Petersilie waschen und etwa 5 Stiele mit den Oliven, dem Lorbeerblatt, 1 ungeschälten Knoblauchzehe und dem Pernod dazugeben. Den Tomatensud mit Meersalz, Pfeffer und 1 Prise Zucker abschmecken und bei schwacher Hitze etwas einkochen lassen. Petersilie, Lorbeerblatt und Knoblauch wieder entfernen.

3 Den Thunfisch waschen, trocken tupfen und in kleine Würfel schneiden. Die Thunfischwürfel in den Tomatensugo geben, den Topf vom Herd nehmen und den Thunfisch in der Sauce 10 bis 15 Minuten gar ziehen lassen.

4 Den restlichen Knoblauch schälen und halbieren. Das Ciabatta im übrigen Olivenöl anrösten und mit dem Knoblauch einreiben.

5 Die Zitrone heiß waschen, trocken reiben und die Schale fein abreiben. Von der restlichen Petersilie die Blätter abzupfen und fein hacken. Das Thunfischgulasch mit Zitronenschale und Petersilie abschmecken und mit dem Knoblauchbrot in tiefen Tellern anrichten.

Profi-Tipp
von *Steffen Henssler*

》 Dieses Gulasch ist ganz nach meinem Geschmack! Thunfisch verwende ich sehr gern, weil sein festes Fleisch so wunderbar saftig ist – vorausgesetzt, es wird richtig zubereitet. Im Handel erhält man vor allem die Thunfischsorte Yellow Fin. Meist sind Tomaten aus der Dose die bessere Wahl als lose Exemplare aus dem Supermarkt. Sie können unter der Sonne wachsen und werden erst dann geerntet, wenn sie reif sind. Und das schmeckt man! 《

Bewertung

Oh, das ist schwierig: Der Thunfisch ist super gebraten. Die Sauce ist sehr stimmig. Ist ein bisserl dick geraten, das Brot. Das Gericht kommt weiter.

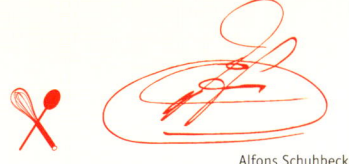

Alfons Schuhbeck

Zander im Speckmantel
mit Sauerkraut-Maultäschle

von Bernd Nennstiel

Zutaten für 2 Personen:

100 g Mehl ● 1 Ei ● 1 EL Olivenöl ● Salz ● 150 g frisches Sauerkraut 250 g Crème double ● Pfeffer aus der Mühle ● 1 Eigelb ● 2 Zander-filets (à 125 g; küchenfertig, ohne Haut) ● 4 Scheiben Frühstücks-speck (Bacon) ● 1 EL Butter ● einige Stiele Kerbel

Zubereitung:

1 Für die Maultäschle das Mehl mit dem Ei, dem Olivenöl und 1 TL Salz mischen und zu einem festen, glatten Nudelteig verkneten.

2 Das Sauerkraut in einem Topf mit der Crème double mischen und bei mittlerer Hitze etwa 10 Minuten köcheln lassen. Das Kraut in ein Sieb abgießen und abtropfen lassen, dabei die Garflüssigkeit in einem Topf auffangen. Die Flüssigkeit einköcheln lassen, bis sie leicht cremig ist, mit Salz und Pfeffer abschmecken. Das Sauerkraut, falls nötig, etwas klein schneiden.

3 Den Nudelteig halbieren und zu 2 langen, dünnen Bahnen ausrollen (am besten mit der Nudelmaschine). Eine Nudelbahn mit dem Eigelb bestreichen und mit einem Teelöffel 8 kleine Portionen Sauerkraut-füllung mit etwas Abstand daraufsetzen. Die zweite Nudelbahn da-raufflegen und mit den Fingern um die Füllung herum festdrücken, dabei darauf achten, dass keine Luftblasen entstehen. Mit einem runden Ausstecher Maultaschen ausstechen und in einem Topf in siedendem Wasser 5 bis 8 Minuten gar ziehen lassen.

4 Inzwischen die Zanderfilets waschen, trocken tupfen und mit Salz und Pfeffer würzen. Jeweils mit 2 Scheiben Speck umwickeln. Die Butter in einer Pfanne erhitzen und den Zander darin auf beiden Seiten etwa 6 Minuten knusprig braten.

5 Den Kerbel waschen und trocken schütteln, die Blätter abzupfen und fein hacken. Den Zander mit den Sauerkraut-Maultäschle und der Sauce auf Tellern anrichten und mit dem Kerbel bestreuen.

Lachskotelett
mit Kiwi-Gurken-Gemüse

von Annegret Heeren

Zutaten für 2 Personen:

300 g kleine festkochende Kartoffeln ● Salz ● 1 Zwiebel
1 Salatgurke ● 2 Kiwis ● 110 g Butter ● 150 ml Gemüsebrühe
150 g Crème fraîche ● 60 g brauner Zucker ● 2 Lachskoteletts
(à 150 g; küchenfertig) ● 1–2 EL Zitronensaft ● 4 EL Butterschmalz
1 Bund Dill ● weißer Pfeffer aus der Mühle

Zubereitung:

1 Die Kartoffeln waschen und mit der Schale in kochendem Salzwasser etwa 20 Minuten garen. Die Zwiebel schälen und in kleine Würfel schneiden. Die Gurke schälen, längs halbieren und mit einem Teelöffel die Kerne entfernen. Die Gurke in Scheiben schneiden. Die Kiwis schälen, längs halbieren und ebenfalls in Scheiben schneiden.

2 In einem Topf 2 EL Butter erhitzen, die Zwiebelwürfel und Gurkenscheiben darin andünsten. Die Brühe dazugießen und das Gemüse bei mittlerer Hitze etwa 12 Minuten garen. Dann die Crème fraîche unterrühren, die Kiwischeiben hinzufügen und nochmals langsam erhitzen.

3 Die Kartoffeln abgießen, kurz ausdampfen lassen und pellen. Den braunen Zucker in einer Pfanne bei mittlerer Hitze karamellisieren und die restliche Butter dazugeben. Die Pellkartoffeln darin schwenken und mit Salz abschmecken.

4 Die Lachskoteletts waschen, trocken tupfen und mit Zitronensaft beträufeln, nach Belieben mit Salz und Pfeffer würzen. Das Butterschmalz in einer Pfanne erhitzen und die Koteletts darin auf beiden Seiten etwa 4 Minuten braten.

5 Den Dill waschen und trocken schütteln, die Spitzen abzupfen und fein hacken. Das Kiwi-Gurken-Gemüse mit Salz und Pfeffer abschmecken und mit dem Dill bestreuen. Die Lachskoteletts mit dem Kiwi-Gurken-Gemüse und den Kartoffeln auf Tellern anrichten.

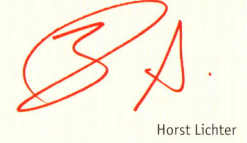

Jakobsmuscheln
mit Wermutsauce und Blattspinat

von Dr. Günter Küppers

Zutaten für 2 Personen:

400 g Blattspinat ● 2 Schalotten ● 1 Stange Staudensellerie
1 Knoblauchzehe ● 2 EL Olivenöl ● Meersalz ● Pfeffer aus der Mühle
frisch geriebene Muskatnuss ● 4 EL Butter ● 200 ml trockener
Weißwein ● 250 ml Fischfond ● 2 cl Noilly Prat (franz. Wermut)
3 EL kalte Butter ● Saft von 1/2 Zitrone ● 8 Jakobsmuscheln
(küchenfertig)

Zubereitung:

1 Den Spinat verlesen, waschen und trocken schleudern, grobe Stiele
entfernen. Die Schalotten schälen und in kleine Würfel schneiden.
Die Staudensellerie putzen, waschen und ebenfalls in kleine Würfel
schneiden. Den Knoblauch schälen.

2 In einem Topf 1 EL Olivenöl erhitzen und die Hälfte der Schalottenwürfel darin andünsten. Den Knoblauch und den Spinat dazugeben,
mit Meersalz, Pfeffer und Muskatnuss würzen und bei schwacher
Hitze etwa 10 Minuten garen. Zum Schluss den Knoblauch wieder
entfernen und 2 EL Butter unter den Spinat rühren.

3 Für die Sauce 1 EL Butter in einem Topf erhitzen und die restlichen
Schalottenwürfel darin andünsten. Mit dem Wein ablöschen und
vollständig einkochen lassen. Dann den Fond und den Noilly Prat
dazugießen und sämig einkochen lassen. Die kalte Butter in kleine
Würfel schneiden, nach und nach unterrühren und die Sauce damit
binden. Mit Meersalz und Zitronensaft würzen und nach Belieben
nochmals mit etwas Noilly Prat abschmecken.

4 Den Backofen auf 90 °C vorheizen. Die Jakobsmuscheln waschen und
trocken tupfen. Das restliche Olivenöl in einer ofenfesten Pfanne
erhitzen und die Muscheln darin auf einer Seite bei mittlerer Hitze
3 Minuten hell anbraten. Dann 1 EL Butter hinzufügen, die Muscheln
wenden, mit Meersalz und Pfeffer würzen und im Ofen auf der mittleren Schiene etwa 5 Minuten fertig garen. Die Muscheln sollten
innen noch glasig sein. Die Jakobsmuscheln mit Zitronensaft beträufeln und eventuell nochmals mit Meersalz würzen.

5 Den Spinat als kleine Nester auf Teller verteilen, die Jakobsmuscheln
daneben anrichten und mit der Sauce servieren.

Profi-Tipp
von Steffen Henssler

» Falls Sie doch einmal Jakobsmuscheln in der Schale kaufen,
achten Sie darauf, dass die Schalen geschlossen sind. Sind die
Schalen offen, ist das ein Zeichen
dafür, dass die Muscheln schon
älter sind. Beim Fischhändler
sind Jakobsmuscheln häufig mit
einem Gummiband umwickelt;
lassen Sie es sich für den Frische-
test aufschneiden! «

Bewertung

Aha, das sieht schon mal sehr
gut aus. Die Muscheln sind gut
gebraten und schön saftig. Die
Sauce ist gut. Großartig!

Johann Lafer

Putenschnitzel mit Mozzarellakruste

von Annegret Heeren

Zutaten für 2 Personen:

150 g Feldsalat • 1 1/2 rote Zwiebeln • 125 g Naturjoghurt • 2 TL mittelscharfer Senf • 2 EL Öl • 2 EL brauner Zucker • Salz • bunter Pfeffer aus der Mühle • 40 g Walnusskerne • 3 reife Tomaten • 30 g Pinienkerne • 1/2 Bund Basilikum • 1 Knoblauchzehe • 2 EL alter Aceto balsamico • Zucker • 4 EL Olivenöl • 2 Putenschnitzel (à 200 g) • 4 EL Butterschmalz • 100 g Büffelmozzarella

Zubereitung:

1 Den Feldsalat verlesen, waschen und trocken schleudern. Die Zwiebelhälfte schälen und in kleine Würfel schneiden. Die Zwiebelwürfel mit dem Joghurt, 1 TL Senf, dem Öl und dem braunen Zucker verrühren und das Dressing mit Salz und Pfeffer würzen. Die Walnüsse grob hacken. Den Feldsalat kurz vor dem Servieren mit dem Dressing mischen und mit den Nüssen bestreuen.

2 Die Tomaten waschen und in dünne Scheiben schneiden, dabei die Stielansätze entfernen. Die Tomatenscheiben auf Tellern auslegen. Die Pinienkerne in einer beschichteten Pfanne ohne Fett anrösten. Das Basilikum waschen und trocken schütteln, die Blätter abzupfen und in feine Streifen schneiden. Die restliche Zwiebel und den Knoblauch schälen und in kleine Würfel schneiden.

3 Für die Vinaigrette den Essig mit dem restlichen Senf verrühren und mit Salz, Pfeffer und 1 Prise Zucker würzen. Nach und nach das Olivenöl unterschlagen. Die Zwiebel- und Knoblauchwürfel, die Pinienkerne und die Basilikumstreifen untermischen. Die Tomatenscheiben mit der Vinaigrette beträufeln.

4 Den Backofen auf 220 °C vorheizen. Die Putenschnitzel waschen und trocken tupfen. Das Butterschmalz in einer Pfanne erhitzen und die Schnitzel darin auf beiden Seiten etwa 4 Minuten goldbraun braten. Mit Salz und Pfeffer würzen und in eine ofenfeste Form legen. Den Mozzarella in etwa 1 cm dicke Scheiben schneiden und auf den Schnitzeln verteilen. Die Putenschnitzel im Ofen auf der mittleren Schiene 4 Minuten überbacken.

5 Die überbackenen Putenschnitzel auf den marinierten Tomaten anrichten und mit dem Feldsalat servieren.

Perlhuhnbrustfilets auf Kartoffelpuffer mit Morchelrahm

von Bernd Nennstiel

Zutaten für 2 Personen:

2 Möhren ● 1 Sellerieknolle ● 1 Stange Lauch ● 1 Zwiebel ● 1 Perlhuhn (700 g; küchenfertig) ● 250 ml trockener Weißwein (z. B. Riesling) ● 500 g Sahne ● Salz ● Pfeffer aus der Mühle ● 1 große festkochende Kartoffel ● 5 EL Butterschmalz ● 150 g frische Morcheln

Zubereitung:

1 Die Möhren und den Sellerie putzen und schälen, den Lauch putzen und waschen. Das Gemüse klein schneiden. Die Zwiebel schälen und in kleine Würfel schneiden.

2 Das Perlhuhn waschen und trocken tupfen, die Brustfilets auslösen und beiseitelegen. Den Rest des Perlhuhns in einen Topf geben und das Gemüse hinzufügen. Den Wein und die Sahne dazugießen und zum Kochen bringen. Den Sud mit Salz und Pfeffer würzen und bei schwacher Hitze 35 bis 45 Minuten köcheln lassen.

3 Inzwischen die Kartoffel schälen, waschen und in feine Stifte (Julienne) schneiden. In einer beschichteten Pfanne 3 EL Butterschmalz erhitzen. Aus den Kartoffelstiften 4 flache Puffer formen und im Butterschmalz auf beiden Seiten portionsweise goldbraun braten.

4 Die Morcheln sorgfältig putzen, waschen und trocken tupfen. Die Perlhuhnbrühe mit dem Gemüse durch ein Sieb in einen Topf streichen, das Fleisch entfernen. Die Morcheln zur Sauce geben und diese stark einköcheln lassen, bis sie eine cremige Konsistenz hat. Nach Belieben 1 EL Butter mit 1 EL Mehl verkneten und die Sauce damit binden.

5 Das restliche Butterschmalz in einer Pfanne erhitzen und die Perlhuhnbrustfilets darin bei mittlerer Hitze auf beiden Seiten etwa 8 Minuten braten. Die Kartoffelpuffer auf Teller verteilen, die Perlhuhnbrustfilets darauf anrichten und mit der Sauce beträufeln.

Profi-Tipp

von *Steffen Henssler*

》 Perlhuhn ist fein im Geschmack, aber leider nicht gerade eines der günstigsten Lebensmittel. Gerade deshalb sollten Sie darauf achten, die Brüstchen in der Pfanne zum Wenden niemals mit einer Gabel einzustechen: Dadurch tritt der Saft aus und das Fleisch wird schnell zäh! Morcheln sind übrigens die einzigen Pilze, die Sie entgegen der Regel gründlich waschen sollten, da sie oft stark verschmutzt sind. 《

Bewertung

Das sieht gut aus. Das Fleisch ist ein bisschen trocken, aber gut gewürzt. Morchelrahmsauce und Rösti finde ich gut. Die Perlhuhnkruste ist ziemlich salzig. Probieren Sie mal!

Johann Lafer

Tafelspitz mit Kartoffeln und Sauce Gribiche

von Dr. Günter Küppers

Profi-Tipp
von **Steffen Henssler**

≫ **Häufig wird Tafelspitz so wie hier beschrieben zubereitet: nämlich, dass man das Fleisch in kaltes Wasser gibt und aufkocht. Der Braten schmeckt aber wesentlich aromatischer, wenn man ihn zuvor rundum in der Pfanne anbrät und dann in der leicht köchelnden Brühe fertig gart. Um die Brühe zu klären, gibt es einen einfachen Trick: Geben Sie ein paar Tomatenspalten hinein – die ziehen dann wie kleine Magnete die Trübstoffe an. ≪**

Bewertung

Der Tafelspitz ist schon mal tatsächlich ein Tafelspitz. Ist vielleicht nicht spitze im Geschmack, aber schön samtig weich. Das Gemüse? Da war ich nicht darauf vorbereitet, dass es kalt ist.

 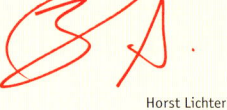

Horst Lichter

Zutaten für 2 Personen:

1 Kalbstafelspitz (ca. 1,2 kg) ● 1 Möhre ● 1 Stück Knollensellerie ● 1 Stange Staudensellerie ● 2 Schalotten ● 1 Bund Petersilie ● 1 getrocknetes Bouquet garni ● 1 Lorbeerblatt ● 5 Nelkenpfefferkörner ● 10 schwarze Pfefferkörner ● 3 Wacholderbeeren ● 3 festkochende Kartoffeln ● Meersalz ● 1 hart gekochtes Ei ● 1 Tomate ● einige Halme Schnittlauch ● einige Stiele Estragon ● 1 EL Salatgurkenwürfel ● 1 TL eingelegte Kapern ● $\frac{1}{2}$ TL Dijon-Senf ● 2 EL Sherryessig ● 100 ml Kalbsfond ● 100 ml Traubenkernöl ● einige Tropfen Kürbiskernöl ● 1 Msp. Cassis-Senf (Fertigprodukt) ● 4 EL weißer Portwein ● Salz ● Pfeffer aus der Mühle

Zubereitung:

1 Das Fett und die Haut vom Tafelspitz entfernen, das obere Drittel abschneiden und den Rest anderweitig verwenden. Den Tafelspitz in einen Topf mit kaltem Wasser geben. Möhre und Knollensellerie putzen und schälen, Staudensellerie putzen und waschen. Eine Schalotte schälen und mit dem restlichen Gemüse in kleine Würfel schneiden. Die Gemüsewürfel zum Tafelspitz geben. Die Petersilie waschen, die Hälfte der Petersilie mit dem Bouquet garni und den Gewürzen ebenfalls in den Topf geben. Den Tafelspitz in der siedenden Brühe etwa 30 Minuten gar ziehen lassen.

2 Kartoffeln schälen, waschen und vierteln. Je nach Größe etwa 15 Minuten vor Garzeitende zum Tafelspitz geben und mitgaren. Kartoffeln herausnehmen und mit Meersalz würzen. Von der restlichen Petersilie Blätter abzupfen, hacken und über die Kartoffeln streuen.

3 Für die Sauce das Ei pellen, das Eiweiß vom Eigelb trennen. Tomate kreuzweise einritzen, überbrühen, kalt abschrecken, häuten, halbieren und entkernen. Restliche Schalotte schälen, mit Eiweiß und Tomate klein schneiden und in eine Schüssel geben. Schnittlauch und Estragon waschen, trocken schütteln und in Röllchen bzw. klein schneiden. Kräuter, Gurkenwürfel und Kapern ebenfalls in die Schüssel geben. Das Eigelb mit dem Senf verrühren. Aus den restlichen Zutaten eine Vinaigrette zubereiten, 100 ml abmessen und mit der Eigelbmasse mischen. Die Eiweiß-Gemüse-Mischung unterrühren und die Sauce Gribiche mit Salz und Pfeffer abschmecken. Den Tafelspitz aus der Brühe nehmen, in Scheiben schneiden und mit den Bouillonkartoffeln und der Sauce Gribiche anrichten.

Quarkcreme auf Orangenscheiben

von Annegret Heeren

Zutaten für 2 Personen:

2 Orangen (davon 1 unbehandelt) • 125 g Sahne • 200 g Buttermilchquark • 4 TL Grand Marnier (franz. Orangenlikör) • 2 EL Zucker
2 TL Wildpreiselbeeren (aus dem Glas) • 1 Stiel Zitronenmelisse

Zubereitung:

1 Die unbehandelte Orange heiß waschen, trocken reiben und für die Deko etwas Schale fein abreiben. Anschließend beide Orangen so großzügig schälen, dass auch die weiße Haut mit entfernt wird. Aus der Mitte der geschälten Orangen quer größere Scheiben schneiden. Die Orangenscheiben auf Desserttellern auslegen.

2 Die Sahne in einen hohen Rührbecher geben und mit den Quirlen des Handrührgeräts steif schlagen. Den Quark, den Orangenlikör und den Zucker in einer Schüssel glatt rühren, nach und nach die geschlagene Sahne mit dem Schneebesen unterziehen.

3 Die Quarkcreme auf den Orangenscheiben verteilen und jeweils 1 TL Preiselbeeren darübergeben. Die Zitronenmelisse waschen, trocken tupfen und die Blätter abzupfen. Die Quarkcreme auf Orangenscheiben mit der Zitronenmelisse und der abgeriebenen Orangenschale garnieren.

Bewertung

Der Nachtisch ist auch sehr kreativ. Das waren frische Orangen!

Johann Lafer

Johann Lafer

Rotweineis
mit Trockenobst-Ragout

von Bernd Nennstiel

Zutaten für 2 Personen:

700 ml trockener Rotwein • 100 g Zucker • 5 Eigelb • 250 g kalte Butter • je 70 g getrocknete Äpfel, Birnen und Aprikosen 250 ml roter Portwein • Puderzucker zum Bestäuben

Zubereitung:

1 Von dem Wein 600 ml abmessen und in einem Topf auf 100 ml einkochen lassen. Die Rotweinreduktion und den restlichen Wein in einer Metallschüssel mit der Hälfte des Zuckers verrühren. Die Eigelbe und den restlichen Zucker mit den Quirlen des Handrührgeräts schaumig schlagen und zur Rotweinmischung geben.

2 Die Metallschüssel in das heiße Wasserbad stellen und die Rotweinmasse so lange mit dem Schneebesen schlagen, bis sie dickflüssig ist. Die Butter in kleine Würfel schneiden und nach und nach mit dem Stabmixer unter die Rotweinmasse rühren. Die Masse in die Eismaschine geben und gefrieren lassen.

3 Inzwischen das Trockenobst klein schneiden und in einen Topf geben. Den Portwein dazugießen, zum Kochen bringen und so lange köcheln lassen, bis die Flüssigkeit vollständig eingekocht ist.

4 Von dem Rotweineis Nocken abstechen, auf Dessertteller geben und das Trockenobst-Ragout daneben anrichten. Mit Puderzucker bestäubt servieren.

Profi-Tipp
von *Steffen Henssler*

» Ein schönes Winterdessert! Falls Sie keine Eismaschine besitzen, können Sie die Eismasse auch in eine flache Metallschüssel füllen und im Tiefkühlfach mehrere Stunden gefrieren lassen. Dabei ist es jedoch wichtig, dass Sie die Rotweinmasse mehrmals mit einer Gabel durchrühren, damit sich keine größeren Eiskristalle bilden. «

Bewertung

Hm, hm! Das Gericht ist weiter!

Johann Lafer

Ziegenkäsecreme
mit grünem Tee und Ingwer

von Dr. Günter Küppers

Zutaten für 2 Personen:

1 TL grünes Teepulver ● 1 unbehandelte Zitrone ● 1 Kaki
250 g Ziegenfrischkäse ● 100 g Naturjoghurt ● 2 EL Olivenöl
1 TL Zucker ● Pfeffer aus der Mühle ● 200 g eingelegter Ingwer

Zubereitung:

1 Das Teepulver mit 125 ml heißem, nicht kochendem Wasser aufgießen und etwas abkühlen lassen. Die Zitrone heiß waschen, trocken reiben und etwas Schale fein abreiben. Die Kaki waschen und halbieren, das Fruchtfleisch herauslösen und klein schneiden. Oder die Frucht schälen und quer in dünne Scheiben schneiden. Die Kakistücke oder -scheiben auf Dessertteller auslegen.

2 Den Ziegenfrischkäse in einer Schüssel mit dem Joghurt, dem Olivenöl und dem Zucker verrühren. Die Masse mit der Zitronenschale und wenig Pfeffer abschmecken und mit 3 EL grünem Tee aromatisieren, restlichen Tee anderweitig verwenden.

3 Aus der Ziegenkäsecreme kleine Nocken abstechen und auf den Kakistücken oder -scheiben anrichten. Den eingelegten Ingwer dazugeben und die Creme nach Belieben mit Zitronenzesten garnieren.

Saltimbocca vom Seeteufel mit Tomaten und Pestogemüse

Zutaten für 2 Personen:

¹/₂ **Bund Petersilie** · **1 Bund Koriander** · **1 Knoblauchzehe**
2 cm Ingwer · **1 EL Sesamöl**
3 EL Pflanzenöl · **6 EL Olivenöl**
Salz · **Pfeffer aus der Mühle**
50 g Babymais · **1 Zucchino**
je 1 Paprika- und Chilischote
8 Shiitakepilze
250 g Cocktailtomaten
2 EL Schalottenwürfel
2 EL Butter · **2 Seeteufelfilets**
(à 150 g; küchenfertig)
4 Salbeiblätter · **4 Scheiben durchwachsener Speck**
80 ml trockener Weißwein
5 weiße Pfefferkörner · **1 Lorbeerblatt** · **175 g kalte Butter**
(in Stücken) · **1 EL grob gemahlener weißer Pfeffer**

Zubereitung:

1 Die Petersilie und den Koriander waschen, trocken schütteln und die Blätter abzupfen, die Hälfte des Korianders beiseitelegen. Den Knoblauch und den Ingwer schälen und fein hacken. Alles mit dem Stabmixer pürieren. Das Sesam- und Pflanzenöl sowie 2 EL Olivenöl nach und nach unterrühren. Das Pesto mit Salz und Pfeffer abschmecken.

2 Den Babymais in kochendem Salzwasser 1 Minute blanchieren. Abgießen, kalt abschrecken und abtropfen lassen. Zucchino putzen, waschen und in dünne Scheiben schneiden. Paprika längs halbieren, entkernen, waschen und in 1 cm breite Streifen schneiden. Die Chilischote längs halbieren, entkernen, waschen und fein hacken. Die Shiitakepilze putzen und trocken abreiben, nach Belieben halbieren.

3 In einer Pfanne 2 EL Olivenöl erhitzen, den Babymais und die Paprika darin anbraten. Zucchino, Chili und Pilze dazugeben, mit Salz und Pfeffer würzen. Vom Herd nehmen und das Pesto untermischen.

4 Die Cocktailtomaten waschen und halbieren. Die Schalottenwürfel in einem Topf in der Butter andünsten. Die Tomaten dazugeben und 4 Minuten köcheln lassen. Mit Salz und Pfeffer abschmecken. Den beiseitegelegten Koriander fein hacken und untermischen.

5 Die Seeteufelfilets waschen, trocken tupfen und mit Salz und Pfeffer würzen. Jedes Fischfilet mit 2 Salbeiblättern belegen und 2 Scheiben Speck umwickeln. Restliches Olivenöl in einer Pfanne erhitzen und den Fisch darin auf beiden Seiten scharf anbraten. Die Hitze etwas reduzieren und den Fisch pro Seite 4 Minuten fertig braten.

6 Den Wein mit Pfefferkörnern und Lorbeerblatt in einem Topf etwas einköcheln lassen. Den Weinsud durch ein Sieb in eine Schüssel gießen. Die kalte Butter nach und nach mit dem Stabmixer unterrühren. Die Sauce mit Salz und dem weißen Pfeffer würzen.

 *Das Geheimnis dieses Rezepts*

Den Fisch sollte man einige Zeit vor dem Anbraten aus dem Kühlschrank nehmen. So erwärmt er sich auf Zimmertemperatur und gart in der Pfanne schneller und gleichmäßiger.

Flambierte Banane
mit Sesamsamen

Zubereitung:

1 Die Bananen schälen und der Länge nach halbieren. Die Butter in einer Pfanne erhitzen und die Bananenhälften darin auf beiden Seiten kurz anbraten. Den Zucker darüberstreuen und leicht karamellisieren.

2 Die karamellisierten Bananen mit dem Rum ablöschen und flambieren. Den Orangensaft und den Limettensaft dazugeben und etwas einköcheln lassen.

3 Die Sesamsamen in einer beschichteten Pfanne ohne Fett unter Rühren leicht anrösten. Die flambierten Bananen auf Desserttellern anrichten, mit dem Sesam bestreuen und mit der Zitrussauce servieren.

Zutaten für 2 Personen:

2 Bananen
4 EL Butter
4 EL Zucker
2 cl brauner Rum
1 EL Orangensaft
1 TL Limettensaft
1 EL helle Sesamsamen

Das Geheimnis dieses Rezepts

Damit dieses Dessert auch richtig gut schmeckt, sollten Sie gut gereifte Bananen mit bräunlicher Schale verwenden. Sie haben einen viel aromatischeren und intensiveren Geschmack als ihre noch nicht ausgereiften grüngelben Kollegen! Übrigens: Nie im Wohnzimmer flambieren!

Axel Bock (29)

- Beruf: BWL-Student
- Wohnort: Hamburg
- Leibgericht: Hühnerfrikassee mit Wildreis

Wie sind Sie zum Kochen gekommen?
Meine Mutter kochte freitags immer einen süß-sauer-salzigen Auflauf, den alle mochten – nur ich nicht. Also war ich gezwungen, mich selbst an den Herd zu stellen.

Welches Gericht war das anspruchsvollste, an dem Sie sich versucht haben? Vor Kurzem habe ich ein Orangensoufflé ausprobiert, das Herr Lafer bei »Kerners Köche« zubereitet hatte. Am Anfang sah es auch gut aus, aber eine halbe Minute später war es leider wieder so platt wie am Anfang.

Was sind Ihre Schwächen beim Kochen? Ich bin sehr eigen, was meinen Geschmack angeht. Daher sage ich immer, wenn die Gäste etwas auszusetzen haben: Das gehört so!

Rolf Bürger (49)

- Beruf: Künstler und Produktdesigner
- Wohnort: Münster
- Leibgericht: Gebratene hohe Rippe mit Polentaplätzchen

Gibt es etwas, das Sie gar nicht essen oder kochen? Eigentlich esse ich alles – Schildkrötensuppe oder Froschschenkel würde ich allerdings nicht verzehren. Und die tausendjährigen Eier, die ich einmal gegessen habe, die haben mir gar nicht geschmeckt.

Welches Gericht ist Ihnen als Hobbykoch bisher am besten gelungen?
Ich war zu Besuch bei einem Freund in Mailand. Wir hatten die Idee, eine kleine Party zu geben, und ich sollte für alle kochen. Wir erwarteten 20 Gäste aus acht verschiedenen Kulturkreisen. Ich habe zwei Pastagerichte gekocht, in Italien! Aber es hat allen – auch den Italienern – hervorragend geschmeckt.

Welche Zutat ist ein Muss, wenn Sie kochen? Auf jeden Fall Pfeffer.

Patrick Fischbacher (18)

- Beruf: Schüler
- Wohnort: Karlsruhe
- Leibgericht: Tournedos auf Kartoffelrösti mit Portweinsauce

Wie sind Sie zum Kochen gekommen?
Daran ist Ralf Zacherl schuld. Seine Sendung »einfach kochen!« auf Pro7 hat mich fasziniert.

Warum sollten gerade Sie am Freitagabend bei Markus Lanz kochen?
Ohne diese sehr gute Sendung stünde ich kochtechnisch nicht da, wo ich jetzt bin. Ich habe mir immer vorgenommen, auf dem Gipfel meiner Karriere auch bei »Lanz« mitzukochen – das würde aber auf dem konventionellen Weg eine mehr als 20-jährige Berufserfahrung voraussetzen. Somit kommt mir »Die Küchenschlacht« gerade recht.

Was erwarten Sie sich von einer Teilnahme an der Sendung? Mit meinen Vorbildern Seite an Seite zu stehen ist für mich mehr als genug.

Stefan Hägerling (38)

- Beruf: Creative Director
- Wohnort: Hamburg
- Leibgericht: Birnen, Bohnen und Speck

Seit wann kochen Sie? Im Jahr 2000 habe ich mich mit einem Kollegen angefreundet, der gern kocht. Wir besuchten den Kochsalon auf der Reeperbahn, in dem junge Köche eine Art »Freestyle-Kochen« veranstalteten. Zeitgleich erschien das erste Buch von Jamie Oliver. Davon angesteckt, haben wir jede Mittagspause in meiner Wohnung gekocht.

Ihr Lieblingsgericht ist »Birnen, Bohnen und Speck«, lieben Sie es deftig?
Das ist ein spezielles Rezept von meiner Mutter, das sich gut variieren lässt.

Haben Sie irgendwelche verrückten Kochgewohnheiten? Bei Salaten kann man eine Menge ausprobieren: Gekochte Bohnen mit Honigmelone oder Pfirsiche mit Linsen, in Essig und Öl geschwenkt – dieses Süß-Salzige schmeckt irre!

Erich Hartl (54)

- Beruf: Reiseverkehrskaufmann
- Wohnort: Trostberg
- Leibgericht: Lammfilet mit Limetten-Ingwer-Sauce

Haben Sie eine lustige Geschichte zum Thema Kochen erlebt? Ich habe mal ein Dessert zubereitet, das irgendwie komisch schmeckte: Ich hatte statt einer normalen Crème fraîche eine mit Knoblauch und Kräutern verwendet.

Welches Gericht ist Ihnen als Hobbykoch bisher am besten gelungen? Ein Fünf-Gänge-Menü für acht Personen: Sektsüppchen mit Kaisergranat, Salatvariationen mit Orangendressing, kleine Rotbarben, Rehfilet mit Balsamicosauce, Schupfnudeln und Spitzkohlrauten, Quarkbällchen mit Heidelbeer-Brombeer-Komposition und eine Käseplatte.

Leiden Sie unter Lebensmittelunverträglichkeiten/Allergien? Nein, ich leide höchstens unter Kalorienunverträglichkeit, was man ja leider auch sieht.

Annegret Heeren (53)

- Beruf: Postangestellte
- Wohnort: Hage
- Leibgericht: Aprikosenfrikadellen mit Kartoffelpüree und Pesto

Haben Sie eine lustige Geschichte zum Thema Kochen erlebt? Im Backofen war gerade ein gefüllter Hackbraten, und ich hatte die Temperatur des Ofens auf null geschaltet. Für einen kurzen Augenblick musste ich die Küche verlassen, und als ich nach einiger Zeit zurückkam, zeigte die Temperaturanzeige plötzlich wieder 150 Grad an. Des Rätsels Lösung: Unser kleiner Terrier, der unbedingt an den Braten gelangen wollte, war mit seinen Pfötchen an die Tasten gelangt und hatte sie verstellt.

Was ist Ihre größte Schwäche beim Kochen? Ich kann nicht besonders gut flambieren.

Welchen Promi würden Sie gern mal bekochen? Altbundespräsident Richard von Weizsäcker.

Henrik Himpe (23)

- Beruf: Jurastudent
- Wohnort: Münster
- Leibgericht: Vanillierter Loup de Mer mit Flusskrebsrisotto

Haben Sie irgendwelche verrückten Ess-, Trink- oder Kochgewohnheiten? Letztens gab es Brötchen mit Leberkäse und Krautsalat, dazu einen Salat mit gebackenen Champignons und Aioli. Obwohl dies alles nicht zusammen-passte, musste ich es unbedingt essen. **Welches Gericht ist Ihnen als Hobby-koch bisher am besten gelungen?** Bal-lotine vom Kaninchenrücken auf marok-kanischem Couscous mit Kaffeeschaum, Spitzkohl-Lardo-Roll mit vanillierter Kaninchenleber und Mango-Maracuja-Shooter. Dieses selbst kreierte Rezept habe ich bei der niedersächsischen Hobbykoch-Meisterschaft gekocht. **Welche Zutat ist ein Muss, wenn Sie kochen?** Salz – in jeglicher Form von Fleur de Sel bis zu normalem Meersalz.

Klaus Kirschner (42)

- Beruf: Kaminbauer
- Wohnort: Rommerskirchen
- Leibgericht: Putencurry »Tobago Style«

Was haben Sie als Kind am liebsten gegessen? Schlesisches Himmelreich von meiner Oma: Bauchfleisch, Dörrobst und Knödel werden hier zusammen ge-kocht – einfach nur lecker! **Welches Gericht ist Ihnen als Hobby-koch bisher am besten gelungen?** Ein Filet Wellington. Dieses Gericht habe ich vor vielen, vielen Jahren für meine Eltern zu Weihnachten gekocht, und es war der absolute Knaller. **Warum sollten gerade Sie am Freitag-abend bei Markus Lanz kochen?** Schon in jungen Jahren wollte ich Koch werden, aber aus gesundheitlichen Grün-den konnte ich diesen Beruf nicht erler-nen. Daher würde ein Traum in Erfüllung gehen, wenn ich den Starköchen einmal persönlich gegenüberstehen könnte.

Dr. Günter Küppers (68)

- Beruf: Physiker
- Wohnort: Bielefeld
- Leibgericht: Thunfischgulasch mit Knoblauchbrot

Haben Sie eine lustige Geschichte zum Thema Kochen erlebt? In den 60er-Jahren wollten wir in München an der Isar ein Spanferkel grillen. Ich sollte das Ferkel in Niederbayern bei einem Bauern besorgen. Der kam aber mit einer lebenden Sau von etwa 50 kg am Strick daher. Die Lehrbuben vom Dorf-metzger haben mir die Sau geschlachtet und in der Mitte auseinandergehackt. Um das Tier auf den Spieß zu stecken, mussten wir die Hälften in München dann wieder zusammennähen. **Welches Gericht ist Ihnen als Hobby-koch bisher am besten gelungen?** Thunfisch mit Schokoladen-Soja-Sauce und Paspiere-Algen. **Welche Zutat ist ein Muss, wenn Sie kochen?** Immer nur das Beste.

Wolfgang Mertel (61)

- Beruf: Radio- und Fernsehtechniker-meister
- Wohnort: Saarbrücken
- Leibgericht: Panierter Kabeljau mit Kartoffeln und Sauce tartare

Haben Sie einen Fernsehlieblingskoch, mit dem Sie besonders gern kochen würden? Ja, Carl Clemens Hahn, besser bekannt als Clemens Wilmenrod. Er war in den 50er-Jahren der erste deutsche Fern-sehkoch. In der WDR-Sendung »Clemens Wilmenrod bittet zu Tisch« lernten die Deutschen beispielsweise Knoblauch, Olivenöl und Pizza kennen. **Was haben Sie als Kind am liebsten gegessen?** Ich weiß es lediglich aus Erzählungen: Spinat! Es war damals das Gemüse, das in großen Mengen vorhanden war! **Gibt es etwas, das Sie zurzeit über-haupt nicht gern essen bzw. kochen?** Ja, das gibt es: zum Beispiel Spinat.

Bernd Nennstiel (46)

- Beruf: Rechtsanwalt
- Wohnort: Mannheim
- Leibgericht: Zanderfilet im Speck-mantel mit Sauerkraut-Maultäschle

Wie sind Sie zum Kochen gekommen? Mein Onkel, der Franzose ist, hat mich beeindruckt, als er am Tisch mit einer Gabel, einem Eigelb und etwas Öl eine Mayonnaise zubereitete, die wir dann zu Artischocken gegessen haben. **Von wem haben Sie das Kochen ge-lernt?** Anfang der 80er-Jahre wurden vom ZDF Kochsendungen wie etwa »Essen wie Gott in Deutschland« aus-gestrahlt. Ich habe diese Sendungen aufgezeichnet und ständig angeschaut. Von den Köchen lernte ich sehr viel und versuchte, die Gerichte nachzukochen. Trotz einiger misslungener Versuche hatte ich auch Erfolgserlebnisse. **Was kochen Sie, wenn Sie etwas Ein-faches zubereiten möchten?** Klingt ba-nal, aber ich liebe Spaghetti bolognese.

Marina Noack (51)

- Beruf: Friseurmeisterin
- Wohnort: Berlin
- Leibgericht: Knusperpute mit Sellerie-Rahm-Püree

Von wem haben Sie das Kochen ge-lernt? Von meinem Vater, mit dem ich bis zu meinem 14. Lebensjahr zusam-men gekocht habe. Nach dessen Tod übernahm ich die Küche komplett, da meine Mutter nicht sonderlich kochen konnte. Alles Weitere lernte ich durch Lesen, Zuschauen und Ausprobieren. **Warum sollten gerade Sie am Freitag-abend bei Markus Lanz kochen?** Eine Kundin von mir hat mich auf die neue Kochsendung »Die Küchen-schlacht« aufmerksam gemacht, deren Gewinner bei Markus Lanz kochen dür-fen. Sie meinte, ich müsse unbedingt daran teilnehmen! **Welchen Promi würden Sie gern mal bekochen?** Ich würde sehr gern einmal für den Papst kochen.

Anne Reschke (53)

- Beruf: Ergotherapeutin
- Wohnort: Datteln
- Leibgericht: Hirschkalbssteak mit Kakaobohnenbröseln

Wie sind Sie zum Kochen gekommen?
Schon seit meiner Kindheit bin ich kochbesessen. Ganz besonders liebte ich es, frische Pommes für meine Freunde zuzubereiten und dazu selbst gemachte Mayonnaise zu reichen.
Was sind die Besonderheiten Ihrer Küche? Für mich sind in Entenfett pochierter Lachs oder Steinpilzeis zum Dessert überhaupt nichts Besonderes, aber manche finden diese Speisen vielleicht skurril. Auch Rosmarineis oder Lavendelsauce zum Fleisch mag anderen möglicherweise komisch erscheinen.
Was ist Ihr Küchengeheimtipp? Man kann versalzene Speisen sehr gut retten, indem man eine geriebene Kartoffel untermischt.

Heidi Richter (69)

- Beruf: Physiotherapeutin
- Wohnort: Leipzig
- Leibgericht: Thunfischsteak mit Erbsenpüree und Vanillesauce

Warum sollten gerade Sie am Freitagabend bei Markus Lanz kochen?
Es wäre für mich der absolute Traum, mit diesen berühmten Köchen am Herd zu stehen! Ich bin zwar immer optimistisch, aber in diesem Fall glaube ich noch nicht so wirklich daran.
Was haben Sie immer im Vorratsschrank? Wenn es mittags mal ganz schnell gehen muss, habe ich ein Glas Fertigsuppe im Vorratsschrank, beispielsweise Soljanka oder Linsensuppe. Das bekomme ich mit ein paar Zutaten ganz schmackhaft hin.
Was ist Ihre größte Schwäche beim Kochen? Hefeteig gelingt mir nur im Sommer einigermaßen gut.

Klaus Richter (67)

- Beruf: Maurer in Rente, Künstler (abgebrochene Kochlehre)
- Wohnort: Águilas, Spanien
- Leibgericht: Pasta asciutta mit Curry

Welches Gericht ist Ihnen als Hobbykoch bisher am besten gelungen?
Als meine Schwiegermutter zum ersten Mal zu Besuch kam, kochte ich karamellisierte Entenbrust mit Pflaumensauce, Rotkohl und geschmolzenem Kartoffelbrei. Es gelang perfekt – meine Ehe wurde von meiner Schwiegermutter abgesegnet.
Welche Tricks sollte ein guter Hobbykoch beherrschen? Ein guter Hobbykoch sollte zu seinem Essen stehen, auch wenn es mal misslingt. Er sollte erklären können, dass es gerade so und nicht anders schmecken soll.
Welche Zutaten sind ein Muss, wenn Sie kochen? Für mich: ein Glas Rotwein. Fürs Gericht geht es mir wie Herrn Lichter: Sahne und Butter müssen sein!

Annette Scherer (49)

- Beruf: Beraterin für Kücheneinbaugeräte
- Wohnort: Gaggenau
- Leibgericht: Asiatischer Nudelsalat mit gebratenen Riesengarnelen

Haben Sie eine lustige Geschichte zum Thema Kochen erlebt? Ich habe einmal für meinen Mann einen badischen Zwiebelkuchen zubereitet. Leider hatte ich das Salz vergessen. Der Zwiebelkuchen schmeckte wie ein Pappkarton. Damit werde ich noch heute aufgezogen.
Was ist Ihre größte Stärke beim Kochen? Meine Ruhe, denke ich. Während der Vorführung eines Kücheneinbaugeräts habe ich sogar schon einmal eine Gasexplosion miterlebt.
Haben Sie ein Lieblingskochutensil, auf das Sie nicht verzichten können? Meine Japanmesser und ein großer Schneebesen sind für mich unverzichtbar. Ich rühre immer mit der Hand. Maschinen brauche ich nicht.

Peter Stoppa (66)

- Beruf: Diplom-Sportlehrer
- Wohnort: Bornheim
- Leibgericht: Gratinierte Jakobsmuscheln mit Blattspinat

Von wem haben Sie das Kochen gelernt? Zunächst habe ich das Kochen aus Kochbüchern gelernt. Als ich das Kochen schließlich als Hobby für mich entdeckte, habe ich Kurse bei richtig guten Köchen belegt. Ich bin aus diesem Grund sogar ins Elsass und nach Österreich gereist.
Welches Gericht ist Ihnen als Hobbykoch bisher am besten gelungen? Gefülltes Perlhuhn, wobei das gesamte Knochengerüst durch die Halsöffnung entfernt wird, sodass das gefüllte Tier die Form behält.
Welche Tricks sollte ein guter Hobbykoch beherrschen? Gibt es zeitliche Probleme, muss er Teile des Gerichts so weglassen oder verändern können, dass es dem Gast später nicht auffällt.

Monika Urban (53)

- Beruf: Hausfrau & Mutter
- Wohnort: Weßling
- Leibgericht: Lammlendchen mit Rosmarinkartoffeln

Von wem haben Sie das Kochen gelernt? Von meiner Mutter. Sie hat sehr üppig gekocht, mit viel Sahne und Butter. Das würde Herrn Lichter freuen. Ich habe viele Kochbücher gelesen. Schon als 16-Jährige habe ich nicht Bilder von Popstars aus der Zeitung ausgeschnitten, sondern Rezepte.
Welches Gericht ist Ihnen als Hobbyköchin bisher am besten gelungen? Aristo, ein italienischer Schweinebraten. Da werden die Kräuter und Gewürze sehr fein ins Fleisch einmassiert, und dann wird das Fleisch geschmort.
Welchen Promi würden Sie gern mal bekochen? Til Schweiger. Das ist so ein junger Wilder, und ich bin ja schon ein älteres Semester. Aber er würde es sich bestimmt bei mir schmecken lassen.

Saralisa Volm (23)

- Beruf: Schauspielerin
- Wohnort: Hamburg und Berlin
- Leibgericht: Lammlachs mit Rotwein-Honig-Sauce

Haben Sie einen Fernsehlieblingskoch, mit dem Sie besonders gern kochen würden? Johann Lafer. Ich liebe es, ihm zuzusehen, wenn er Nachtische zubereitet, aber auch bei anderen Gerichten bewundere ich seine Perfektion, Ruhe, Konzentration und seine große Sachkenntnis.

Welche Tricks sollte ein guter Hobbykoch beherrschen? Zum Beispiel keinen Holzlöffel in Saucen stecken zu lassen. Es gibt so vieles, was man beachten sollte. Je mehr Tricks man beherrscht, desto besser.

Gibt es etwas, das Sie zurzeit überhaupt nicht gern essen bzw. kochen? Ich mag keine Pilze und keine Bananen.

Matthias Wagner (24)

- Beruf: Student der Wirtschaftspädagogik
- Wohnort: Mainz
- Leibgericht: »Verheiratete mit Bettsejer-Salat«

Haben Sie irgendwelche verrückten Ess-, Trink- oder Kochgewohnheiten? Ich trinke Flaschen nie ganz leer. Es muss immer ein kleiner Rest drinbleiben. Ich weiß auch nicht, wieso.

Gibt es etwas, das Sie zurzeit überhaupt nicht gern essen bzw. kochen? Ich esse alles – nur keinen Kümmel. Das hat mich schon Nerven am ersten Weihnachtsfest bei meiner Freundin gekostet: Da war überall Kümmel dran – inklusive Kümmelschnaps danach.

Was war Ihr schlimmstes Kocherlebnis? Meine Mutter hat mal auf Wunsch meines Bruders ein Gericht von Tim Mälzer nachgekocht – es war furchtbar. Sogar der Hund hat sich verweigert.

Henning Zimmermann (55)

- Beruf: Diplom-Pädagoge
- Wohnort: Berlin
- Leibgericht: Curry-Pfannkuchen mit Ananas

Bevorzugen Sie eine bestimmte Küche? Mein Vater ist auf Borneo aufgewachsen, deswegen bin ich auch in der indonesischen Küche ein wenig zu Hause.

Welche Tricks sollte ein guter Hobbykoch beherrschen? Man muss sehr gut rühren können. Besonders, was Saucen angeht, sollte man zaubern können. Mein Problem dabei: Ich bin Linkshänder und muss ständig in die »rechte« Welt umdenken.

Welchen Promi würden Sie gern mal bekochen? Jürgen Vogel. Mit ihm würde ich gern Spaghetti essen und sehen, wie er sie durch die Zahnlücke zieht.

Rezeptregister

Bildnachweis

Umschlagrückseite:
©ZDF/C. Charisius: unten links und
unten Mitte; ©ZDF/U. Perrey: obere
Reihe und rechts unten
Innenteil:
Dr. K.-U. Nielsen: 54, 55, 102, 103;
C. Schmid: 22, 23, 38, 39, 70, 71,
86, 87; D. Schmidt: 6, 114, 115,
130, 131, 146, 147;
©ZDF/C. Charisius: 90, 97, 104,
119, 123, 125, 148 (3. von oben),
150 (3. und 4. von oben), 151;
©ZDF/U. Perrey: 11, 14, 26, 27,
40, 41, 60, 65, 78, 83, 109, 110,
133, 136, 139, 148 (1. und 2. von
oben und 1., 2. und 3. von unten),
149, 150 (1. und 2. von oben und
1. und 2. von unten)